JN006533

私たちはなぜ傷つけ合いながら助け合うのか

心理学ビジュアル百科

社会心理学編

越智啓太 編

創元社

目次

III 「私たち」と「私」はどう関わるか

私たちはなぜ
傷つけ合いながら
助け合うのか

心理学ビジュアル百科

社｜会｜心｜理｜学｜編

社会心理学とは何か

Keywords
社会心理学の歴史
社会心理学の発展

社会心理学は、認知心理学、発達心理学、臨床心理学などと並ぶ、心理学の主要な研究分野の1つである。「社会」心理学などと言うと、その対象は中学や高校の「社会科」で学ぶ分野、つまり歴史や地理、政治や経済などであり、それについて心理学的に分析していくようなイメージを抱く人が少なくない。しかし、社会心理学が対象とする「社会」はそのような対象に限られたものではない。ここでいう「社会」とは、人が2人以上存在する状態を広く言いあらわした概念なのである。では、具体的には、どのような状況が社会心理学の対象なのだろうか。我々は社会的な動物と言われ、他人との交流なくして生きていくのは難しい。そのような意味で我々の行動のほとんど

社会心理学の研究対象

私たちの日常生活や行動に関わることのほとんどが、社会心理学の研究対象になる。

が、実は社会心理学の対象なのである。友人関係、恋愛関係、援助や攻撃、対人印象の形成、言語的・非言語的コミュニケーション、マスコミュニケーション、行動とパーソナリティの関係、説得や要請、リーダーシップや集団間の争いなどは、みな社会心理学の研究対象である。

社会心理学の起源

社会心理学の起源がいったいいつなのかをたどるのは難しい。社会と人間の関係についての論考という意味で言えば、ギリシャ時代から多くの哲学者が行っており、それもある意味、「社会」心理学と言えるからである。しかし、学問としての社会心理学が作られていったのは、19世紀になってからのことである。

心理学の創始者の1人とされることが多いヴィルヘルム・ヴントは、実験心理学を作り上げたが、それだけで人間の心理を語り尽くせるとは思っていなかった。彼は、実験心理学で明らかにならない社会や文化、民族意識のような高等精神作用は、その精神的所産である言語や神話、慣習などを通して研究することが必要であると考え、全10巻からなる『民族心理学——言語、神話、慣習などの発達原理の研究』(1900-1920)という著作を著した。これは歴史的方法を用いたものではあるが、社会心理学の起源の1つと言えるであろう。一方、フランスの社会科学者、ガブリエル・タルドやギュスターヴ・ル・ボンたちは、フランス革命やヨーロッパで発生した様々な市民運動について研究を行った。彼らは1人の市民が群衆に巻き込まれることによって、扇動者の暗示にしたがってしまうという群衆現象について検討した。これも社会心理学の起源の1つである。

現代の社会心理学の主流は実験的な研究である。実験的な方法論で人間行動を明らかにしようとした最初の研究としてあげられることが多いのが、アメリカのノーマン・トリプレットの研究である。彼は、リール巻きなどの作業を行う場合、他者がそこに存在した場合のほうがパフォーマンスが高くなるということを明らかにした。一方、ヨーロッパではフランスの農業技術者マキシミリアン・リンゲルマンが協同して力仕事をする場合、人数がn倍になっても、力はn倍にはならないという現象を実験的に示した。前者の現象は現代では社会的促進、後者の現象は社会的手抜きとして研究されている分野につながっている。

このような社会心理学の研究が徐々に増加していく中、1908年に『社会心理学』というタイトルの著書がほぼ同時に2冊出版された。1冊目は、エドワード・ロスによるものであった。この本では、流行、社会的習慣、群集現象などが対象として扱われた。もう1冊は、ウィリアム・マクドゥー

社会心理学の歴史と発展

社会心理学の起源

- 『民族心理学――言語、神話、慣習などの発達原理の研究』(ヴント)
- 群集現象の研究(タルド、ルボン)

↓

実験的な研究の始まり

- リール巻きなどの作業に関する実験(トリプレット)⇒「社会的促進」の研究
- 協同する力作業に関する実験(リンゲルマン)⇒「社会的手抜き」の研究

↓

2冊の『社会心理学』

- 流行、社会的習慣、群集現象など(ロス)
  ⇒社会学的社会心理学
- 人間の行動を本能という概念をもとに説明(マクドゥーガル)
  ⇒心理学的社会心理学

↓

多様な社会心理学研究の発展

- 態度の研究(サーストン、リッカート)
- 態度変容の研究(ホブランド)
- 実験的なアプローチ(オールポート)
- 認知的なアプローチ(バートレット)
- グループダイナミクス研究(レビン、モレノ)
- 第2次世界大戦後の研究:
  同調の研究(アッシュ)、服従の研究(ミルグラム)
- ニュールック心理学
- 学際的な研究、多様な方法論・・・

19世紀に生まれた社会心理学は、現在に至るまで多様なテーマ・方法論を生み出しながら発展してきている。

ガルによるものであった。彼は、進化論の影響を受けており、人間の行動を本能という概念をもとに説明しようと試みた。前者のながれの社会心理学を社会学的社会心理学、後者の流れの社会心理学を心理学的社会心理学と言う。この2つの流れは現在でもある程度は受け継がれている。

多様な社会心理学研究の発展

20世紀になると社会心理学研究は様々なひろがりを見せていった。まず、ルイス・サーストンやレンシス・リッカートなどによる態度の研究である。彼らは人々がもっている態度を測定するための様々な方法論を開発した。これによって目に見えにくかった我々の社会的な行動が客観的に測定できるようになった。これらの手法は現在の心理学でも主要なツールとなっている。また、カール・ホブランドらのグループはこの態度がどのように変容するのか、どのようにすれば効果的に変容されるのかについての「態度変容」研究を発展させていった。ゴードン・オールポートは、「偏見」や「うわさ」についての実験的研究を発展させ、フレデリック・バートレットは記憶やその変容が我々の文化やスキーマの影響を受けていることを実験的に示し、認知的なアプローチに先鞭をつけた。クルト・レビンやヤコブ・モレノなどは小集団を対象にした実験的な研究を行い、グループダイナミクス研究を生み出した。

その後勃発した第2次世界大戦は、とくにアメリカで戦争などと関連した実用的な研究を推し進めただけでなく、戦後には、ソロモン・アッシュの同調研究（➡36）や、スタンレー・ミルグラムの服従研究（➡38）などを生み出すきっかけを作った。また、この時代、社会的なコンテクストによって知覚が影響を受けるというニュールック心理学などが生み出された。

さらに最近では、認知心理学研究、脳科学研究、進化心理学研究などの分野との学際研究や、ビッグデータ解析やシミュレーション、質的心理学などの方法論を取り入れ、さらに広い範囲の現象に対して様々なアプローチによって解明しようとしている。

（越智啓太）

I

社会の中の自分と他者

02

他人の印象はどのように決まるのか

Keywords

印象形成の2過程モデル

ネガティビティ・バイアス

期待効果

ハロー効果

“民族ジョーク”をご存じだろうか。様々な民族が乗る客船が沈没しそうで、今海に飛び込まなければならないという設定で、各民族にどう声をかければよいのかという問題である。イタリア人には「海で美女が泳いでいます」、ドイツ人には「規則です」、アメリカ人には「飛び込めばヒーローになれます」、日本人には「みんな飛び込んでます」と伝えるのだという。ステレオタイプに関するジョークだが、他者に対する印象形成においてあながちジョークとも片付けられない側面もある。

相手の印象を生み出す2つのプロセス：印象形成の2過程モデル

印象形成とは、他者に対する初期段階の一時的な判断・評価のことで、意識的には考えなくても自動的に成立すると言われている。スーザン・フィスクとスティーヴン・ニューバーグの2過程モデルによれば、相手の社会的カテゴリーに依存した認知処理と個性に依存した認知処理の2つが印象形成に関わっているとされる。社会的カテゴリーとは人種・性別・年齢・出身地など相手の特徴的な属性であり、個性とは文字どおりその人のパーソナリティーを指す。例えば、初対面の相手の社会的カテゴリーが「東京都民」という出身地であれば、まずは「都会的でハイセンスなのだろう」という印象を抱きがちになるが、話すうちに個性依存の処理が進み、「そうでもないか」といったように、その印象を修正する。ただし、そうした修正は、自分の利害に関係するかどうか（結果依存性）によっても変わってくる。どうでもよい他者においては社会的カテゴリーに基づく印象形成で終わってしまう傾向が強いが、その他者によっては自分の評価や成績が下がる可能性があったり、結婚相手として長年付き合わなければならないというようなときには、個性依存の処理が行われやすい。

イヤな面ほどよく目につく：ネガティビティ・バイアス

友人とレストランで飲食し、その会計をする場面を想像してほしい。たまたま合計額が奇数になり、相手が「私が1円分おごってあげるよ！」と真顔で言ってきたとしたら、あなたはどのような印象をもつであろうか。割勘の原則を徹底すればありがたいし、問題はない。しかし、正直な感覚として、「ケチくさい」という印象はぬぐい切れないのではないだろうか。普通、人は他人の前で自分をよりよく見せたいと思う心理、いわば見栄がはたらく。当然、こうした見栄をはるという行動は、相手側も共有しており、それを見越して印象評価をしている。そのため、相手側からは「自分をよく見せなければいけない状況下であえてケチくさい行動をとるということは、正真正銘のケチなのだ」と思われてしまうのである。人は基本的に他者の本質を知ろうとする。それゆえ、こうした（見栄抜きの）ネガティブな側面に注目しがちになる。逆に、ポジティブな側面は「自分をよく見せなければいけない状況下だから」というように、見栄の分を差し引いて評価される。こうした現象をネガティビティ・バイアスといい、ネガティブ情報に基づく印象はなかなか変わりにくいということも知られている。

ネガティビティ・バイアス

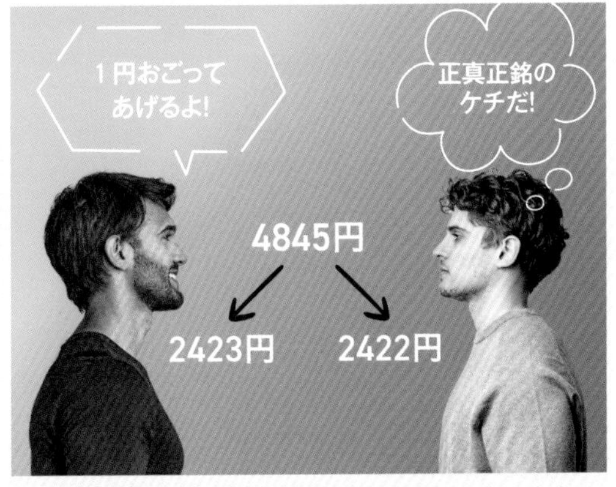

他者の言動からその人の印象が形成される際、ポジティブな情報よりもネガティブな情報の方が大きく影響する。

事前の情報に影響される：期待効果

「これから紹介する講師の先生は、あたたかく勤勉で批判力があり、決断力がある人です」。このように事前に紹介されたうえでその講師の評価をさせた条件と、紹介部分の「あたたかく」を「冷たく」と変えた条件とで同じ人物の印象評定をさせたのが、ハロルド・ケリーの実験である。その人物がやっていることは同じで、「あたたかい」と「冷たい」のわずか1語だけが実験的に操作されている。しかし、同じ人物の同じ行動を見ても、「あたたかい」と表現された場合は「冷たい」に比べ、思いやりがあり、社交的で、人気があるなどと、よりポジティブな評価を受けていた。期待効果は、こうした事前情報の提示によって印象形成にバイアスが生じる現象である。それが社会的に広く共有され、長期的に固定化されたイメージになるとステレオタイプになる。とはいえ、ケリーの実験では、1回ぽっきりの講義を担当した人物に対する評価であって、結果依存性はそもそも高くはないことにも注意する必要がある。先述の2過程モデルと絡めて考察すると、期待効果は結果依存性が高くなるとその効果が薄れやすい。お見合いの場で、「イケメンで優秀な人だ」という事前情報が与えられていても、いざ自分のパートナーになる人だという立場におかれると、期待効果にもほころびが生じうる。

一部が良いと全部が良く見える：ハロー効果

テレビのコマーシャルで美男あるいは美女のタレントが美味しそうに商品を食べている。視聴者の中には、その商品に対する購買意欲をそそられる人もいるだろう。ハロー効果とは、対象の顕著な特徴によって対象に関わること全体の評価が変化する現象を言う。ちなみに「ハロー（halo）」とは、神仏から発せられる後光である。美男美女であるという顕著な特徴が、性格もいい、センスもいい、好んで食べるものも美味しいはずといった、バイアスがかった印象をもたらすのである。当然だが、美男美女だからといって性格がよいわけではないし、センスがよいとも限らない。ましてや「好んで食べるもの」などは、その人の本質とはかなりの乖離があり、美男美女という外見的特徴との関連性はごく薄いと考えられる。とはいえ、現実的にハロー効果がそれなりに影響力をもつことは確かである。実際に、テレビのコマーシャルには好感度の高いタレントがよく起用されているし、そのタレントが不祥事を起こした場合はすぐ降板となる。

ハロー効果

ある対象の顕著な特徴によって、対象に関わること全体の評価が変化する。例えば、「容姿が良い」とか「業績が良い」といったポジティブな顕著な特徴が1つある人は、その人への全体的な評価が高くなりやすく、「性格が良い」「センスが良い」「頭が良い」「好んで食べるものが美味しい」などと、他の側面についてもポジティブな印象をもたれやすい。逆に、1つのネガティブな顕著な特徴があると、全体的にネガティブな印象をもたれやすい。

これまでの議論で共通していることは、人は他者の印象形成をするときに手を抜きがちであるということである。なぜ手を抜くのかという理由には諸説あるが、1つには、逐一個性に依存した処理をやってはいられないという認知的制約があったためであろうと思われる。ヒト社会では、とかく他者と関わる機会が多い。とはいえ、他者の中には今後深い関係性が予想される者もいればそうでない他者もおり、効率よく選別する必要がある。その人が言っていることが正しいのかどうかを吟味するのかも、なるべく早く済ませる必要があった。そのため、まずは自分の利害、本性かどうかの見極め、事前情報、顕著な特徴などのフィルターをかけることになり、手が抜けるように印象形成の認知システムを構築したと考えられる。

（綿村英一郎）

他人をさげすむことで有能感を得る

Keywords
セルフサービング
バイアス
自尊心
仮想的有能感

私たちは、他人の行為を見て、この程度なら自分にもできると思いやすい。プロのスポーツ選手のパフォーマンスを見て「どうしてもっとうまくできないんだ」と野次ってみたり、テレビでクイズに正解できなかった芸能人を見て「この程度のクイズにも答えられないなんて……」と正解が明らかになった後であざ笑ってみたりする。また、私たちは、他人よりも自分が道徳的で倫理的な人間であると思いやすい。そのため、ネット上で、他人の揚げ足を取っては、様々なクレームを浴びせかける。私たちは、なぜ自分にできないことをできると思い込み、また、自分をかえりみることなく、他人の言動を批判しようとするのだろうか。

自分のことが大好きな私たち

私たちは生得的に自分のことを肯定的に評価したい、自分を良い人間だと思いたい欲求をもっている。例えば、自己評価動機（➡07）の中でも、私たちは、最終的に自分にとってより良い情報を得たいという自己高揚動機を満たそうとする。なぜなら、自己高揚動機を満たすことで自分に対する肯定感が高まるからである。同様のことは、セルフサービングバイアス（自己奉仕バイアス）という現象に関しても言える。セルフサービングバイアスとは、私たちが何かに取り組んだ際、成功したら自分の実力や労力のおかげ、失敗したら他人や環境のせいと考えがちな傾向のことを言う。何かうまくいかなかった場合に、「○○さんに言われたから……」「今の環境が良くない」「社会が悪い」と自分以外の外的な要因に原因を求めようとするのも、セルフサービングバイアスである。つまり、私たちは、自分にとって都合の良いようにバイアス（歪み）をかけて、様々な物事を見ているのである。

いかにして有能感と自信を獲得するか

先のように、私たちは基本的に自分のことをより良く思いたい。このような自分のことをより良く思うための方法、言い換えれば、有能感や自信を獲得するための方法には、2つの方向性がある。

その1つは、自分の経験を通して有能感や自信を獲得するという方法である。最近では、自尊心という言葉が日常会話でも使用されるようになってきているが、自尊心とは、自分のことを価値ある存在だと思う感覚、より簡潔に言えば、自分のことを“これでよい”と思える感覚のことである。このような自尊心は、自分の成功経験やこれまで周りの人たちから受け入れられてきたという経験に基づいた有能感や自信である。それゆえ、自尊心の高い人は、自分や周りの状況をポジティブに捉えやすく、幸福感も高いとされる。さらに、これまでの成功経験から、自分はやればできるという感覚をもっているため、様々な物事にチャレンジし、また、実際に成功をおさめやすい。

もう1つの有能感や自信を獲得する方法は、自分の経験とは関係なく、他人を下に見ることによって、相対的に自分を高い位置に押し上げるというものである。私たちは、自分のことをより良く思いたい。しかし、成功経験や周りの人たちから受け入れられてきたという経験が乏しい場合もある。そのような場合、実態のない一般的な他者（世間の人たち）を仮定し、自分よりも下に位置づけて下方比較（➡07）をすることで、相対的に自分の状況や状態を押し上げようとすることがある。言わば、他人を低く見積もることで自分のことをより良く思おうとするのである。このような頭の中で仮想的に獲得された有能感や自信のことを教育心理学者の速水敏彦は、仮想的有能感（あるいは、他者軽視傾向）と呼んだ。つまり、自分のポジティブな経験とは関係なしに、他人を批判的に評価したり、他者を軽視したりすることで獲得される有能感や自信のことを仮想的有能感というのである。自分では実際にやったことがないにも関わらず、他人の失敗を見て「自分ならうまくできたのに」と思ったり、自分の周りにはダメな人や無能な人が多いと感じたりするようなことが頻繁にあれば、仮想的有能感は高いと考えられる。

このような自尊心と仮想的有能感を縦軸と横軸に配置し、それらの高低を組み合わせることで、有能感は4つのタイプに分類することができる。具体的には、自尊心が高く仮想的有能感も高い「全能型」、自尊心は高いが仮想的有能感は低い「自尊型」、自尊心も低く仮想的有能感も低い「萎縮型」、自尊心は低いが仮想的有能感は高い「仮想型」であり、それぞれ図に示したような特徴があるとされる。

他人を見下すことで幸せになれるのか

では、自分自身のポジティブな経験に関係なく、他人を見下すことで仮想的に手に入れた有能感や自信によって、私たちは幸せになれるのだろうか。それとも、かりそめの有能感では、私たちは幸せを感じることはで

有能感の４タイプ

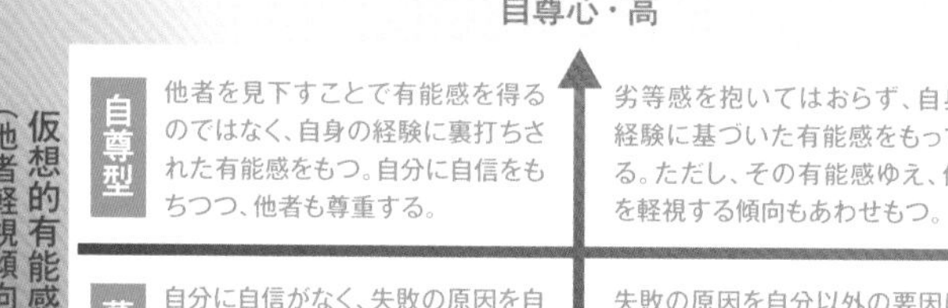

有能感は、自尊心も仮想的有能感も高い「全能型」、自尊心は高いが仮想的有能感は低い「自尊型」、自尊心も仮想的有能感も低い「萎縮型」、自尊心は低いが仮想的有能感は高い「仮想型」に分類される。

きないのだろうか。

　ある研究では、先の有能感の4つのタイプによって、日常の対人関係における感情経験に違いが見られるのかについて検討を行っている。その研究では、まず、参加者に自尊心ならびに仮想的有能感を測定するための質問紙に回答してもらい、その後、7日間にわたって日記式の質問紙に毎晩回答してもらうという方法がとられた。日記式の質問紙は、1日の中で最も印象に残っている対人関係の出来事について記述してもらうとともに、その際の抑うつ（不安な、くよくよした、沈んだ等）ならびに敵意（憎らしい、うらんだ、むっとした等）をどの程度感じたかを回答してもらった。その結果、図のように、抑うつに関しては、仮想型は、全能型や自尊型と比べて日常的な対人関係で抑うつを感じやすいことが示された。また、敵意に関しても、仮想型は、自尊型と比較して日常的な対人関係で敵意感情を経験しやすかった。これらの結果から、自尊心は低いが仮想的有能感は高い仮想型は、とくに、日常的な対人関係において抑うつ感情や敵意感情を経験しやすいということができるだろう。さらに、高校生を対象とした研究では、仮想的有能感が高い場合、いじめの被害者にも加害者にもなりやすいことが示されている。どうも、自らの成功経験なしに、他人を見下すことで仮想的に手にした有能感は、私たちを幸福へは導いてくれなさそうである。（金政祐司）

有能感のタイプと対人関係で経験する感情

図中のアスタリスク（＊）が記されているところに統計的な差が認められた。つまり、仮想型は、全能型や自尊型と比べて抑うつ得点が高く、また、萎縮型は、自尊型と比べて抑うつ得点が高かった。

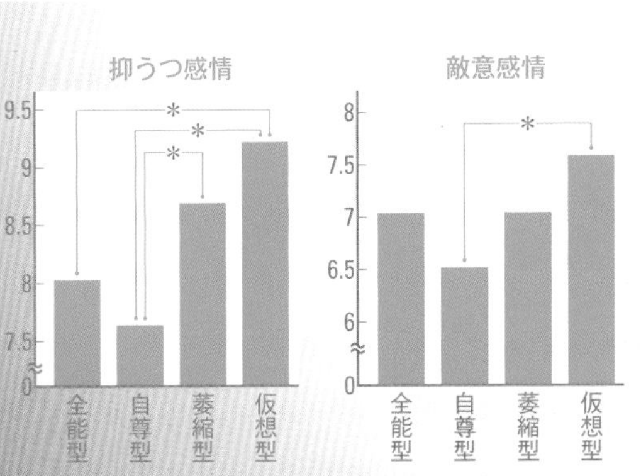

図中のアスタリスク（＊）が記されているところに統計的な差が認められた。つまり、仮想型は、自尊型と比べて敵意得点が高かった。

鏡に映った自分を愛してしまう

誇大性ナルシシズム
過敏性ナルシシズム
不適応
攻撃性

鏡や窓ガラスに映る自分の姿を見ながら、決め顔を作ってみたり、髪の毛を指で触って何度も位置を確認したりする人を見かけたことはないだろうか。あるいは、あなたの周りには、話題の中心に自分がいないと気がすまない、かまってあげないとすぐに機嫌が悪くなるような人はいないだろうか。そんな人を見ると「あぁ、この人は自分のことが大好きなんだろうなぁ」とついつい思ってしまうかもしれない。このような自分自身への関心が非常に高く、自己中心的で、自分に対する自信や優越感が強い性格特徴をナルシシズム傾向、あるいは自己愛傾向と言う。

「ナルシシズム」という言葉の由来

一般的に自分のことが大好きな人をナルシストと呼ぶが、このナルシストは、心理学的にはナルシシズム（自己愛）傾向が高い人のことを指す。ナルシシズムの語源となったのは、ギリシャ神話に登場する美しい青年、ナルキッソスである。ナルキッソスは人間からのみならず、女神や妖精からも恋い焦がれられるくらい美しい容姿をしていた。エコーという妖精（こだまの妖精）もナルキッソスに恋をするが、彼はそれを冷たくあしらい、エコーは悲しみのあまりやせ細って姿が消え去り声だけになった。このことで神々の怒りを買ったナルキッソスは、その報いを受けることになる。あるとき、ナルキッソスは、水を飲もうと泉をのぞき込んだ際、水面に映る自分の姿に恋をしてしまう。いくら愛をささやこうとまったく応えてくれない水面上の自分の姿に心がとらわれてしまったナルキッソスは、身をやつして最終的には死んでしまう。その後、水辺にはまるで彼の生まれ変わりのような水仙の花（英語名でナルキッソス）が咲いていたという。

ナルシシズムの語源になった
美青年・ナルキッソス

図版はカラヴァッジオ「ナルキッソス」。ギリシャ神話の登場人物であるナルキッソスは、水面に映る自分の姿に恋をして焦がれ死にしてしまった。

ナルシシズム傾向が高い人とは

自分を愛するというナルシシズム傾向は、多かれ少なかれ誰もが皆もっているものである。むしろ、ナルシシズム傾向がまったくない（極端に低い）場合、自分を愛せないがゆえに様々な場面で不適応を起こすことになるだろう。一方で、ナルシシズム傾向が高すぎる場合も、やはり不適応を引き起こすことになる。

ナルシシズム傾向の高い人の特徴としては、①自分は特別な人間であると感じており、また、自分は有能で優れた才能があると思っている、②周りの他人から認められたい、注目や賞賛を浴びたいという欲求が強い、③自己中心的で共感性が低く、自分の考えを強く主張しやすい等を挙げることができる。それゆえ、ナルシシズム傾向が高い人は、自分に対する評価が過度に高く、周りからの評価との間にズレが起こりやすいため、自分では物事を完璧にこなしているつもりが、周囲の人から見ればずさんで穴だらけということが起こり得る。また、そのことを指摘しても、自分ではできていると思い込んでいるため、指摘した相手のことを批判したり咎めたりして、人間関係に軋轢（あつれき）を生じさせてしまう。

また、ナルシシズム傾向の高い人は、社交性が高く、自信満々に見えることから、初対面場面においては周りの人たちからの評価や人気は高いものとなりやすい。しかし、相互作用（やり取り）を繰り返していくうちに、その共感性の低さや過度な自己評価の高さが露呈し始め、次第に周りからの評価は下がっていく。そのため、ナルシシズム傾向の高い人は、自分の周りの人との関係をうまく継続、維持することができず、関係が壊れ始めると次の新しい関係へというように、短期間で人間関係を転々と渡り歩く傾向がある。

さらに、ナルシシズム傾向の高い人は、打たれ弱く、傷つきやすいという側面ももっている。例えば、自分に対して批判的なフィードバックがなされた場合や周りから拒絶を示された場合、怒りを感じやすく、また、相手に対して攻撃的な行動を取りやすくなる。加えて、ナルシシズム傾向の高い人は、浮気をしやすいという研究結果もある。このように自分を過度に愛してしまうことは、様々な問題を引き起こすのである。

もう1つのナルシシズム

ナルシシズム（自己愛）というと、多くの場合、自分に自信満々な人、自分に酔いしれている人をイメージするかもしれない。実際、これまで話を進めてきたのもそのような自分自身に対して過剰な自信をもっている人についてである。しかし、近年、ナルシシズムには2つの種類があるとされるようになってきた。それら2つのナルシシズムとは、誇大性ナルシシズムと過敏性ナルシシズムである。

誇大性ナルシシズムは、周りのことを気にかけず、自信過剰で傲慢といった特徴をもつ。つまり、これまでに触れてきたナルシシズムは、誇大性ナルシシズムということになる。では、もう1つのナルシシズム、過敏性ナルシシズムはどのようなものか。それは、周囲からの評価を過剰に気にし、容易に傷つきやすく、また、他人から認めてもらえないと自分に自信をもつことができないという特徴をもつナルシシズムである。一見

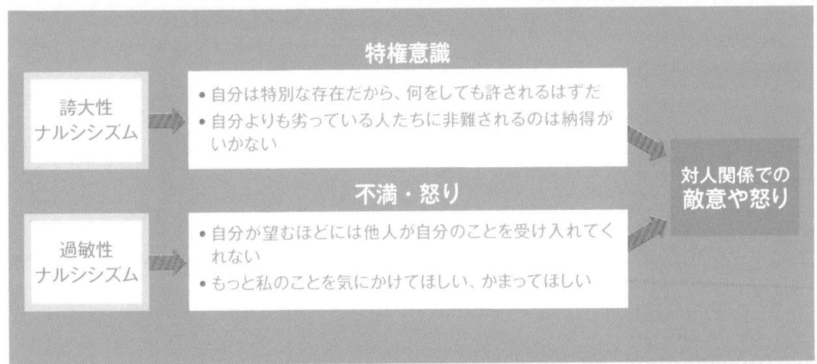

誇大性ナルシシズムは特権意識や有能感から、過敏性ナルシシズムは周りから拒絶されているという感覚（思い込み）から、対人関係において敵意や怒りを増大させる。

すると、どうしてそれがナルシシズムなのかと思うかもしれない。しかし、これら2つのナルシシズムは、自分に対する過剰な関心という点において共通している。すなわち、「すごい（はずである）自分」という自分への誇大な評価を維持しようとするために、自分の能力を歪めて誇大視するか（誇大性）、あるいは、周りからの「自分」への評価を落とさないためにそこに過度に心を砕くか（過敏性）という違いはあるものの、両方のナルシシズムはともに、その眼差し（関心）が自分にのみ向いているのである。つまりは、「生まれて、すみません」もまたナルシシズムなのである。

誇大性ナルシシズムと過敏性ナルシシズムは、両方がともに対人関係での敵意や怒りの感じやすさと結びつくという点でも共通している。ただし、それらのメカニズムは多少異なっており、誇大性ナルシシズムの場合は、自分は優れているという特権意識から、過敏性ナルシシズムの場合は、自分は他人から受け入れてもらえていないという感覚（あるいは思い込み）から、相手に対して敵意や怒りを増大させる。確かに、自分を愛することは大切なことなのだが、愛しすぎてしまうと、人間関係に衝突や軋轢を生み出すとともに、自分自身を不適応な状態へと陥りやすくさせるのである。

（金政祐司）

05

弱い心を守るために

Keywords
栄光浴
嫉妬
自己評価維持モデル

私たちの心は弱い。その弱き心を守るように、私たちは様々なことがらを自分の都合の良いように歪めて捉えようとする。それは、ときとして、親しい相手を遠ざけてみたり、相手の足を引っ張ってみたり、自分の重要なことを諦めてみたりする形で表れる。それはどういうことなのか。そのプロセスを追ってみることにしよう。

他人の栄光を浴びる

あなたの周りに、有名な芸能人やスポーツ選手に知り合いがいることを自慢する人、あるいは政治家や有名企業の役員にコネクションがあることを吹聴する人はいないだろうか。自分のことではなく他人のことを自慢げに話す。そのような行動には一体どのような意味があるのだろうか。

これは栄光浴と呼ばれる現象である。栄光浴とは、端的に言えば「虎の威を借る狐」、他人の栄光という輝きを浴びることで自分がさも輝いているかのように見せることを指す。つまり、ポジティブな特性をもつ他者や集団との結びつきを強調することで、間接的に周りからの自分の評価や印象を高めようとすることを栄光浴というのである。

『影響力の武器』等の著書をもつアメリカの社会心理学者であるロバート・チャルディーニらは、どのような状況で栄光浴が生じやすいのかについての実験を行っている。まず、チャルディーニらは、実験の操作として、実験参加者の大学生に電話をかけてクイズを6問出した。その後、クイズの正誤にかかわらず、ラン

ダムに約半数の学生には1問しか正解していない（自信を低下させた条件）、もう半数の学生には5問正解した（自信を上昇させた条件）と告げた（同時に、一般的な大学生は3問正解できることも告げていた）。

次に、この研究の本来の目的である質問、“数日前に行われた実験参加者の所属大学のアメリカンフットボールの試合結果”が尋ねられる。ただし、アメフトの試合結果についても、先のクイズの場合と同様、ランダムに約半数の大学生にはアメフト部が勝った試合について、もう半数の大学生にはアメフト部が負けた試合について尋ねられた。そのとき、実験者が着目していたのは、実験参加者の大学生が試合結果について語る際に、アメフトチームのことを“わたしたち（We）”と呼ぶかどうかであった。つまり、「先日の試合に“わたしたち”は勝利した」と答えれば、それはアメフトチームとの結びつきを強調することで、アメフトチームが勝利したという栄光を浴びようとしていることになる。すなわち、栄光浴という現象が生じていると考えられるのである。表のように、クイズに5問正解したと告げられ、自信が高まった人たちの“わたしたち”という言葉の使用率は、アメフトの試合が勝っていようが負けていようが大差はない。しかし、クイズに1問しか正解しなかったと告げられ、自信が低下した人たちは、試合に負けていた場合には14%の人しか“わたしたち”という言葉を使用しなかったのに対し、試合に勝っていた場合には、実に40%の人が“わたしたち”という言葉を使用

チャルディーニらによる栄光浴に関する実験

	所属大学のアメフトチームの試合結果	勝ち	負け
クイズの結果	自信を上昇させた条件（5問正解）	24%	22%
	自信を低下させた条件（1問正解）	40%	14%

表の数値は、実験参加者のうち“わたしたち（We）”という言葉を使った人の割合である。自信を上昇させた条件の数値を基準にして考えるとわかりやすいだろう。自信を低下させた条件では、所属大学のアメフトチームが試合に勝っていた場合には、勝利したチームとのつながりを強調するという栄光浴現象が起こり、反対に、負けていた場合には、不名誉なチームとのつながりを断ち切ろうとしていることがわかるだろう。

していたのである。この結果は、クイズの成績が悪く、自信が低下した場合、試合に勝利したアメフトチームとのつながりを強調することで（アメフトチームの栄光を浴びることで）、自己の悪化したイメージの回復を図ったものと考えられる。つまり、自分に自信がないときや周りからあまり良く思われていないと感じているときには、私たちは他人の栄光を浴びようとしやすいのである。

栄光浴と嫉妬のはざまで

では、私たちはいつでも栄光ある他者との関係を強調し、その他者の栄光を浴びようとするのだろうか。実はそうではない。ときとして、栄光ある他者を遠ざけようとしたり、あるいは、優れた他者に対して嫉妬を感じたりすることもある。他人の栄光を浴びようとする場合とそれらの場合とではいったい何が異なるのだろうか。

自己評価維持モデルによると、栄光浴現象が生じるか否かは、図に示したように、①相手との心理的近さ、②相手の成績、そして③領域の重要性という3つの要因によって決まってくるとされる。まず、①相手と心理的に近くない場合には、一般に栄光浴は生じず、嫉妬という感情を抱くこともない。また、①相手と心理的に近いが、②相手の成績（パフォーマンス）が優れていない場合には、栄光浴も嫉妬感情も生じないか、あるいは、ときとして相手に対して優越感を抱くことになる。そして、①相手と心理的に近く、かつ②相手の成績が優れている場合、③その相手の成功している領域が自分にとって重要かどうかが、嫉妬と栄光浴の分かれ道となる。相手の成功している領域が、自分にとって重要であるならば、自己への評価が低下して、嫉妬という不快な感情がわき上がってくる。しかし、相手の成功している領域が自分にとって重要でないならば、自分とその相手とを比較することはなく、自己評価は低下しない。むしろ、その相手と自分とを同一視し、相手との結びつきを強調することで、相手の成功をあたかも自分の手柄であるかのように仕立て上げる。つま

自己評価維持モデル

①相手との心理的近さ
相手と心理的に近い？
YES → **②相手の成績**
相手の成績は優れているか？
YES → **③領域の重要性**
相手が成功した領域は自分にとって重要か？

①：NO → 嫉妬も栄光浴も生じない
②：NO → 嫉妬も栄光浴も生じない／優越感
③：YES → 相手と自分を比較する → 自己評価が低下する → 嫉妬
③：NO → 相手と自分を比較しない → 相手と自分を同一視 → 栄光浴

たとえば、自分の友人が出版業界への就職を希望していたとしよう（相手と心理的に近い）。そして、その友だちは誰もが名前を聞いたことがあるような大手出版社から内定をもらった（相手のパフォーマンスが優れている）。その際、自分も就活をしていて、かつ出版業界への就職を希望していたならば（相手が成功した領域が自分にとって重要）、おそらく友人の成功を素直に喜べず、嫉妬を感じるだろう。しかし、自分はIT関連の企業への就職を強く希望しており、それ以外の職種にあまり興味をもっていないとしたらどうだろうか（相手が成功した領域が自分にとって重要ではない）。おそらく、嫉妬を感じることはなく、大手出版社から内定をもらったその友人を誇らしいとさえ感じるのではないだろうか。

り、この自己評価維持モデルでは、他者との結びつきを強調し栄光を浴びようとするか、あるいは、その他者に対して嫉妬を感じるかは、表裏一体のような関係にあるということができるのである。

ただし、嫉妬は私たちにとってかなり不快な感情であることから、一般に私たちは、先の①～③の要因のどれかを変化させることでそのような状況を避けようとする。つまり、①相手との心理的近さを変える－その相手と距離を取り、嫉妬の対象となる相手を心理的に遠ざける、②相手の成績を変える－相手の足を引っ張ってパフォーマンスを下げる、③領域の重要性を変える－相手の成功した領域は自分にとってそれほど重要ではないと思う、あるいは他に自分にとって重要となる領域を見つける、という方法を取ろうとするのである。このように、私たちは自らの弱き心をうまく守ろうとする。そう考えると、人間とは、実にもかわいき生き物と言えるのではないだろうか。

（金政祐司）

06

人は死への恐怖をどのように克服しているのか

死の不可避性
死の予測不可能性
存在脅威管理理論
文化的世界観

どんな人間であってもいつかは死を迎える。これは逃れられない運命である。しかも、その死は、寿命を全うして迎えることもあれば、不慮の事故や病気、災害などで突然直面することもある。そのことは冷静に考えると誰もが理解しているものの、その不可避で、予測不可能な死について日頃考え、怯えている人はほとんどいない。そうした死への恐怖を人間はどのように克服しているのだろうか。

人間にとって避けられない運命としての「死」

2011年3月11日に東日本で発生したかつてない大地震と、その地震の影響による津波は、多くの尊い命を奪った。想定外とも言われた巨大地震によって建物が倒壊した被害はもちろんのこと、地震から数分後に押し寄せた大津波によって、建物や自動車だけでなく、多くの人が押し流されてしまい、自然の前にいかに人間が無力であるかを感じた人も多いだろう。そして、連日報道された津波の様子を見ながら、多くの人が、誰もが直面する「死」を否が応でも考えさせられ、恐怖を覚えたに違いない。

死を意識することで恐怖を覚えることに繋がる原因として2つの特徴がある。1つは、「人間は必ず死ぬ」という死の「不可避性」である。これを「存在論的恐怖」(ontological terror)と呼ぶ。人間を含むあらゆる生命体は、それが誕生してからいつかは死という終わりを迎える。

もう1つは、死は避けられないものであるが、その死がいつ

死への恐怖

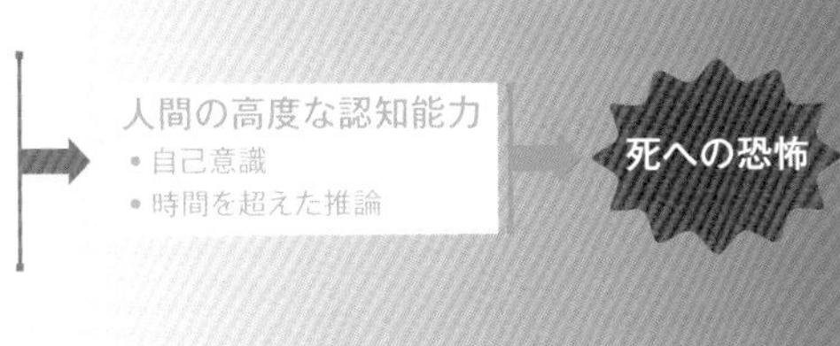

死は避けられず、予測できない。そのため、動物と違って高度な認知能力をもつ人間は、死への恐怖を感じる。

訪れるかわからない「予測不可能性」を持っていることである。すなわち、いつかは迎える死を、寿命を全うして迎えることもあれば、不慮の事故や病気、災害などで突然直面することもある。この死の不可避性と予測不可能性は、人間にとって逃れられない脅威と言える。

こうした死の不可避性と予測不可能性は、人間だけでなく、動物にも同様に当てはまる問題であるように見える。しかし、アーネスト・ベッカーによれば、人間は動物と違って、自己意識と時間を超えた推論ができる高度な認知能力を備えているが故に、死への恐怖を感じるのである。

「死への恐怖」を克服する心理メカニズム：存在脅威管理理論

不可避で予測不可能な死は人間特有に感じられる脅威である。しかし、だからといって、我々の多くはいつ訪れるかわからない「死」に怯えながら毎日を過ごしているわけではない。それはなぜだろうか。この死への恐怖を和らげて心を守る心理的メカニズムが人間に備わっていると仮定するのがアリゾナ大学のジェフ・グリーンバーグらによる存在脅威管理理論である。

存在脅威管理理論では、文化的世界観と自尊心が死への恐怖を緩和する「文化的不安緩衝装置」として機能していることを想定している。

文化的世界観とは、社会や文化の中で共有されている価値観やものの

考え方を指す。すなわち、私たちの中にある「世界とはこういうもので、こうあるべきだ」という考え方を指し、私たちに世界の意味や秩序、安定性などを与えてくれている。文化的世界観は親からの影響はもとより、学校教育や各種の儀式（葬式など）などの中で自然と獲得され、維持されるものである。こうした文化的世界観を表すものの一つが宗教である。宗教は、宗派に違いはあるものの、いずれも私たちが生きる世界に秩序と意味をもたせ、さらには生と死の意味、死後の世界について答えてくれる。その中でも、天国や極楽浄土や輪廻転生など死後の世界に関する考えは、人は不死であることを示しており（不死概念）、それが私たちの死への恐怖を緩和する役割をもつのである。

文化的世界観は、私たちの社会や文化において何が正しくて何が間違いかの価値基準を与えてくれる。自己がこの基準に従って生きていると感じる信念が自尊心である。心理学において自尊心は、一般的に「自分の価値、能力、存在意義に関する肯定的な評価」と定義される（➡03）。しかし、存在脅威管理理論では、それよりも狭い定義として、私たちが「社会的に価値ある自己であると考える感覚」を意味する。すなわち、社会や文化の価値や規範に従い、価値基準を満たすだけの態度や行為を取っているという自己評価を高くもつことで、死への恐怖を和らげることができるのである。

従来の心理学では、数多く自尊心に関する研究が行われてきたが、そのほとんどがどうすれば自尊心が高まるのか、あるいは高い自尊心はどのような機能をもつのか、に関するものであった。そのため、「人間は何のために自尊心を求めるのか」という適応的な機能については見逃されてきた視点と言える。

「死への恐怖」にさらされたとき人はどうふるまうのか

存在脅威管理理論が正しいとすれば、ここで2つの仮説が浮かび上がってくる。1つは「文化的不安緩衝装置仮説」で、社会や文化で共有す

存在脅威管理理論と2つの仮説

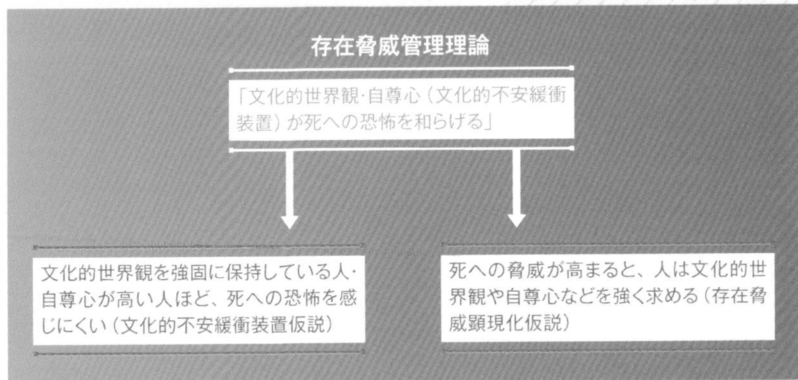

人間の死への恐怖を和らげるものとして「文化的世界観（社会・文化の中で共有されている価値観やものの考え方）」「自尊心」があると考えられる。死への恐怖が高まると、人はこれらを強く求めようとする。

る価値観としての文化的世界観を強固に保持しているか、あるいは自尊心が高い人ほど、死への恐怖に直面しても、そこから受ける脅威を和らげることができるというものである。言い換えると、これらを保持している人ほど、死への恐怖を感じにくくなる。

もう1つは、「存在脅威顕現化仮説」と呼ばれるものである。死への恐怖が高まると、文化的世界観や自尊心などの文化的不安緩衝装置を強く求めようとするというものである。死への恐怖にさらされると、熱心に宗教活動やボランティア活動などに取り組むようになったり、自尊心を獲得しようとするのは、この仮説を裏付ける現象である。

2001年にアメリカで起こった同時多発テロ以来、アメリカでは宗教活動が熱心になるとともに、イスラム教への風当たりも強くなった。すなわち、この仮説では、自分たちの文化で共有されている世界観を保つために、内集団（ここではアメリカ）をひいきして、外集団（ここではイスラム教）に対して厳しい評価を向けるようになるのである。（池田　浩）

07

世界に一つだけの花になれない私たち

Keywords
自己概念
自己評価動機
社会的比較理論
下方比較
上方比較

誰かと自分を比べることなく、自分らしくあるがままに生きよう。なんて聞こえのよい言葉であろうか。他人からどう見られているかなど気にせず、誰かと競うことなく、自分の人生を自分なりに謳歌する。確かに、理想的な生き方かもしれない。しかし、残念ながら人は社会的動物である。いくら孤高を目指しても、私たちが決してひとりぼっちでは生きてはいけないように、私たちは自分と他人とを否応なく比較してしまう。世界でたった一つの花にはなれない存在、それが私たち人間なのである。

どうして他人と比べてしまうのか

私たちはどうして自分と他人とを比較してしまうのであろうか。それは、私たちが自分のことをよく知りたいと思っているからである。例えば、砂漠にぽつんと自分一人しかいなければ、自分の走る速さが速いのか遅いのかさえわからない。あるいは、数学のテストで70点を取ったとしても、周りの人たちがそのテストでどの程度の点数を取っているのかがわからなければ、その70点が良い点数なのか、それほど良くない点数なのかは知りようがない。自分のことをよく知るためには、どうしても他人と比較する必要がある。

私たちは、自分は「数学ができない」「優しい人間である」「犬好きである」というように、「自分とはこういう人間である」という自分に関する知識をもっている。このような自分に関する知識のことを自己概念と言う（➡12）。自己概念は、もちろん

3つの自己評価動機

名称	内容	利点	例
自己高揚動機	自分にとってより良い、都合の良い情報を得たいと思う動機。	自分に対する肯定感が高まる。	テストや占いで良い結果にのみ目を向ける。自分にとってポジティブなことを言ってくれる相手に相談をもちかける。
自己査定動機	自分についてできる限り正確な情報を知りたいと思う動機。	正確な情報を得ることで、将来や周りの状況に適切に対応できる。	模試を受けて、自分の偏差値を知ろうとする。自分の将来進むべき道について専門家からアドバイスをもらう。
自己確証動機	その良し悪しにかかわらず、自分がもっている自己概念を確認したいと思う動機。	自分のことを再確認することができ、ときにそのことで安心できる。	自分に自信のない人は、褒めてくれる他人を信用することができず、自分にネガティブな評価をする他人を周りに置いてしまう。

自分のことを知りたい、理解したいという自己評価動機は、「自己高揚動機」「自己査定動機」「自己確証動機」の3つに分類され、それぞれに利点がある。人が適応的に生きていくためには自己査定動機は欠かせない動機となる。

様々な経験を通して変化していく。「自分は野球がうまい」と思っていた中学生が、野球の強豪校である高校の野球部に入った途端に、「自分は野球がうまい」という自己概念が揺らぐといった具合である。自己概念は自分が置かれた状況に応じて変化するため、私たちは、そのたびごとに自分とはどういう人間なのかを知りたい、理解したいと思うようになる。このような自分のことを知りたい、理解したいという動機である自己評価動機は、表のように自己高揚動機、自己査定動機、自己確証動機の3つの種類に分類される。それら3つの動機は、自分のことを知ろうとする際にどのような情報にアクセスするかという点において異なっており、どの動機が顕著になりやすいのかは、そのときどきの状況によって変わってくる。

自己評価動機の中でも、自己査定動機は、適応的に生きていくためには欠かせない動機と言える。たとえば、もし陸上100mでオリンピック出場を目指していたとしても、何度練習しても、100mを15秒台でしか走れなければ、別の道を探す方が賢明であろう。それゆえ、自己査定動機を満たそうとすれば、自分と他人とを比較せざるを得なくなる。なぜなら、自分がどの程度の能力やスキルがあるのかを正確に知ろうとすれば、その基準は必然的に他人となってしまうからである。

人と比べることで自分を知る

このように、私たちは、自分のことを知ろうとするために自分と他人とを比較する。では、私たちは、どのような状況で、誰と自分を比較しようとするのだろうか。この点に関して、アメリカの社会心理学者のレオン・フェスティンガーは社会的比較理論を提唱し、次のような説明を行っている。私たちは、社会に適応するため自分の意見や能力をできる限り正確に評価したいと考える。ただし、自分を評価しようとする際に、客観的な基準がないこともある。その場合、私たちは他人と自分とを比較することで、自分を評価しようとする。さらに、その比較の対象としては、自分と類似した他者が選ばれやすい。つまり、私たちは、客観的基準があいまいな状況において、自分と似た他人と自分とを比較しようとするのである。

多くの人にとって、「野球がうまい」「ピアノをうまく弾ける」と言う場合、その比較対象は、プロ野球選手やプロのピアニストではないだろう。おそらく、これまで自分の周りにいた人たちと比較して、自分のことを「野球がうまい」「ピアノをうまく弾ける」と評価しているはずである。実は、この自分と似た他人と比較するということは、私たちの精神的な健康状態をより良く保つためにはかなり重要である。例えば、自分の外見や容姿について評価しようとする際に、テレビに出ている同性の芸能人を常に比較対象とすれば、打ちのめされて鬱々とした状態になってしまうだろう。

自分と似ている他者と自分とを比較する

私たちは他者との比較によって自分を評価しようとするのだが、その比較の対象は自分と似た他者になりやすい。端から見れば「どんぐりの背比べ」のようであっても、わずかな違いに意味を見いだそうとする。

上を見るか、下を見るか

このように、社会的比較理論は、「自分の意見や能力をできる限り正確に評価したい」という自己査定動機を前提として展開されたものである。しかし、私たちは、常に自己査定動機に基づいて自分と他人とを比較しているわけではない。何か失敗したときには「あの人よりはましだ」とか、テストで悪い点を取った場合に「自分よりももっと点数の低い人もいる」といったように自分を慰めることもあるだろう。このように自分よりも劣っている他者を比較対象として選ぶことは下方比較と呼ばれ、自分があまり良くない状態に陥った際に用いられやすい。ある研究では、乳ガン患者を対象にどのような社会的比較が行われているのかが調べられた。その結果、患者たちは、自分より状態の良い人のことについてよりも、自分よりも多少症状の悪い人のことについてよく語ることが示された。つまり、下方比較が行われていたのである。このような下方比較は、相対的に自分を高い位置に上げるため、一時的ではあっても、心理的な安定をもたらすと言える。

下方比較とは逆に、自分よりも優れている人と比較することは上方比較と呼ばれる。優れた他者との比較は、ときとして自信をなくさせることになるかもしれない。しかし、何か成功した場合や自分がうまくいっている状態での上方比較は、自分をさらに向上、改善していこうとするモチベーションを生み出すことにもつながる。

私たちは、そもそも他人と比べなければ、自分が何に向いているのかさえもわからない。スポーツなのか、勉強なのか、それとも芸術なのか。あるいは、コミュニケーション力や他人への気づかいに長けているのか。他人と比較せず、自分のことだけをずっと眺めていても、その答えは一向に出ない。自分が何に向いているのかを把握し、自分自身の将来をきちんと見据えようとするならば、世界でたった一つの花になるわけにはいかないのである。

（金政祐司）

08

本当に浮気はばれているのか

視点取得

自己中心性バイアス

透明性の錯覚

スポットライト効果

浮気をしている人の多くは「配偶者に気づかれているのではないか」といつもびくびくしているのではないだろうか。それでは浮気は配偶者や恋人に本当にばれているのだろうか。実際にばれているかどうかは人それぞれだろうが、1つ言えることは、自分が“思っているほどは”ばれていないということである。

どうしても自己中になってしまう

「相手の気持ちを考えなさい」とは子どもへのお説教の定番であるが、そのようなことを言われなくても私たちは普段から相手の気持ちを考えている。何より相手の気持ちを知りたいと強く望んでいる。自分が恋焦がれている相手の気持ちを知りたいというのはその最たるものだろう。ただ、相手の気持ちを“純粋に”考えるというのは実際はなかなか難しい。どうしても自分中心に考えてしまうからである。相手の立場になってその人の気持ちを知ろうとすることを視点取得という。そして、そのような視点取得に自分自身の考えや気持ちが介在してしまうことは、視点取得における自己中心性バイアスと呼ばれている。その具体的な現象としてここではアメリカの心理学者トーマス・ギロビッチが提唱した透明性の錯覚と、スポットライト効果について説明する。

自分の心は見透かされている?

浮気をしている人のほとんどはそのことを配偶者や恋人に隠

している。隠し事を守るために嘘をつく場合もあるだろう。出張だと偽って、浮気相手と旅行に行ったりする場合である。そのような隠し事がある場合、実際よりも過剰に相手にばれていると思いやすい傾向がある。このように隠し事など自分の心が相手に見透かされていると過剰に思ってしまうことは透明性の錯覚と呼ばれる。

透明性の錯覚の存在を明らかにした実験がある。実験に参加した15人はそれぞれ個別に、飲み物の入った15個のカップを順番に飲んでいった。ただ、その15個のうち1/3の5個のカップには、“まずい”飲み物が入っていた。参加者は、どのカップにまずい飲み物が入っているのかが見ている人にばれないようポーカーフェースでいるように指示され、飲んでいる様子はビデオカメラで録画された。その後、参加者は自分がまずい飲み物を飲んだところをビデオで見る人たちのうちどれくらいの人が、カップの中身（まずい）を当てることができるのかを推測した。そして、参加者とは別の10名がビデオに映った参加者の表情を手掛かりに、実際にカップの中身が何かを推測した。まずい飲み物は15個のカップのうちの1/3であるため、仮にビデオを見ずに、当てずっぽうで答えるとすれば、当たる確率は1/3ということになる。つまり、10人のうち3.33人が当たることになる。

図のように、実際の結果は平均して3.56人であり、これとほとんど変わらなかった。ところが、まずい飲み物を飲んだ本人の推測は平均して4.91人であり、実際の結果や当てずっぽうの場合よりも多くなっていた。つまり、まずい飲み物を飲んだ本人は自分の嫌な気持ちが見ている人に伝わっていたと思っていたのだ

まずい飲み物を飲んだことを見破った人の実際の数と飲んだ人の推測

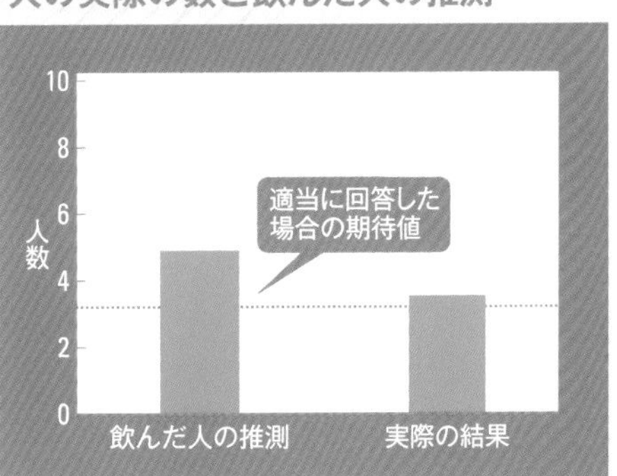

まずい飲み物を飲んだ人は、まずい飲み物を飲んだことを見破られると過剰に推測していた。実際の結果は適当に回答した場合とそれほど変わらず、まずい飲み物を飲んだことを見破るのは難しい。

が、実際はそれほど伝わっていなかった。

これは推測の手がかりにするものが、飲み物を飲んだ人と見ている人で異なることが原因と考えられる。まずい飲み物を飲んで嫌な気分になった人は、その嫌な気分を手がかりとして見ている人にばれたかどうかを推測する。一方、見ている人は参加者の表情を手がかりにカップの中身を推測する。嫌な気分になっても必ずしもそれが表情に出るわけではないので、思ったほどばれないのだ。

浮気をしている人は、自分のしていることに対する後ろめたさや相手に対する罪悪感、ばれたらどうしようという不安など強いネガティブな気持ちに苛まれるが、そうであるほどその気持ちが相手に伝わってしまう、つまり浮気がばれていると思いやすい。ばれたらどうしようと不安に思うほど、きっとばれていると思ってしまい、また不安になるという悪循環に陥るのである。逆にいえば、「きっとばれていない」と思い込めば、そのような不安に苛まれることもない。ただ、その場合は行動が大胆になり、ばれやすくなるかもしれないが。

みんなが自分を見ている?

あまりにも行動が大胆だと浮気はばれるかもしれないが、自分が大胆だと思うような行動をしていても思っているほどには浮気はばれないと考えられる。自分が大胆だと思っていても実際は大胆な行動ではない場合が多いからである。換言すれば、自分が目立つような行動をしたと思っていても、それほど他者は自分に注目していないということである。例えば、人通りが多い場所で浮気相手と待ち合わせたり、有名なデートスポットに出かけたりすると「きっと誰かに見られてしまった。浮気がばれてしまう！」と不安になってしまうかもしれないが、思っているほどはばれていないということである。

このように自分の行動や外見が他者に注目されていると過大評価してしまう現象はスポットライト効果と呼ばれる。自分にスポットライトが当たっていると思ってしまう傾向である。たとえば、髪型が決まらないまま外出せざるを得ない日に、他の人が自分の髪型を「変だ」とばかにしているかもしれないという不安に苛まれるのはこれに当たる。

ここではスポットライト効果の存在を明らかにした実験を紹介する。実験に参加した人は実験者から、それほど人気があるというわけではないミュージシャンの顔が大きくプリントされた恥ずかしいTシャツを着させられる。そして、そのTシャツを着た上で、2人〜6人の他者が待っている部屋に案内される。参加者は椅子に座ろうとしたところで実験者に連れられてすぐに退出することになる。退出後に、Tシャツに描かれた人物が誰であるのかにどれくらいの人が気づいたと思うのかを回答した。図のように、結果は、平均して46%の人がTシャツの人物に気づいただろうと推測していた。しかし、実際はその半分の23%の人しか気づいていなかったのだ。自分が着ているTシャツの人物が誰であるかを他者が気づいているのかを推測する際に、自分は目立つ恥ずかしいTシャツを着ているのだという思いが影響するために、実際よりも高い割合で自分は注目されていると思ってしまうのだ。

浮気をしている人は、自らの行動の後ろめたさから、みんなが自分を見ていると思ってしまうかもしれないが、実際のところは昼ドラの主人公のようには自分にスポットライトは当たっていないということである。

このように、自分が思うほどには浮気はばれていないということが言えそうだが、だからと言って浮気をしてもよいというわけではないのは言うまでもない。　（谷口淳一）

Tシャツに描かれた人物に気づいた人の実際の割合とTシャツ着用者の推測

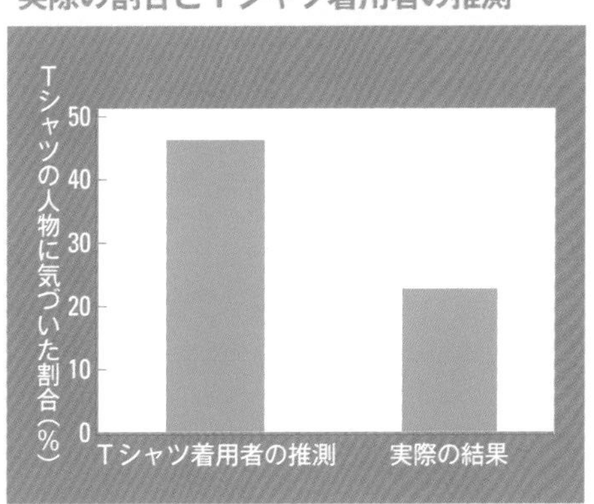

Tシャツに描かれたミュージシャンが誰であるかに気づいたのは23%の人だったが、そのTシャツを着ていた人は2倍の46%の人が人物が誰であるかに気づくと推測していた。

甘え上手は恋愛上手?

認知的不協和理論
態度
好意

異性にうまく甘えることができる人は恋愛がうまくいっているのではないだろうか。困っているときに相談を持ちかけたり、重い荷物を持ってもらうなど具体的な行動を上手に依頼する人である。このことは見方を変えると、誰かのことを援助する(➡29)ことで、援助をしてあげた人のことを好きになる可能性があるということである。誰かに援助してもらったときにその相手のことを好きになるというのは理解しやすい話であるが、そうではなく助けてあげた相手のことを好きになるというわけである。なぜこのようなことが生じるのかは、認知的不協和理論という著名な理論で説明できる。

つじつまの合わないことは許せない!

私たちは様々な対象に対して何らかの態度を有している。日常的に用いられる「態度」という言葉は、「あいつの態度が悪い」や「このクラスの学生の受講態度は素晴らしい」といったように目に見える姿勢を表している場合が多い。一方、社会心理学では「態度」という用語が頻繁に用いられるが、ここでの態度は、何らかの対象に対する好き嫌いや、価値観、信念などもっと広範な内容を含んでいる。たとえば、あるサッカーチームのことが好き、そのチームの戦術は先進的であると思う、このチームはもっと多くの人に愛されるべきである、といったことは全てサッカーチームに対する態度である。

そしてこのような態度は具体的な行動の大きな指針となる。サッカーチームのことが好きであるほどスタジアムに応援に行くだろうし、チームはもっと愛されるべきと思っているほどSNSでチームの活動を発信したりするだろう。ただし、必ずしも態度と行動の方向が一致するわけではない。嫌いなサッカーチームの応援に友達に頼まれて一緒に行くこともあるだろう。別の例をあげると、タバコは体に悪いとわかっているのになかなかやめられない場合がある。このような場合には不快な気持ちになってしまう。アメリカの社会心理学者レオン・フェスティンガーが提唱した認知的不協和理論では、人は自分の考えや信念といった態度と実際の行動とが食い違っている（＝不協和）と不快な気持ちになり、その不快感を解消するために態度や行動を変化させることを説明している。タバコは体に悪いと思いながら喫い続けている人の場合、タバコをやめる（＝行動を変える）、あるいはタバコは体に悪いというのは迷信であると自分に言い聞かせる（＝態度を変える）という変化によって不快感を解消しようとする。

フェスティンガーが行ったある実験では、参加者となった大学生が退屈な作業に従事させられる。その後、別の参加者に「実験はとても楽しかった」と話すように実験者から依頼され、実行する。参加者はまさに態度と行動が異なる不協和状態におかれる。ここでそのような嘘をついたことに対する報酬が渡されるが、条件によって報酬が多い（20ドル）場合と少ない（1ドル）場合があった。最後に「（本当は）実験は楽しかった」のかを回答した。結果は図のように、嘘をついたことに対する報酬が少ない場合は実験を楽しかったと回答しており、報酬が多い場合は嘘をつくという過程を経ずに実験の楽しさを回答した統制群と同じく、実験を楽しいとは回答していなかった。報酬が多いほど気分が良くなり「実験は楽しかった！」と思

退屈な実験を「楽しかった」と嘘をつかされた後の実験の楽しさ

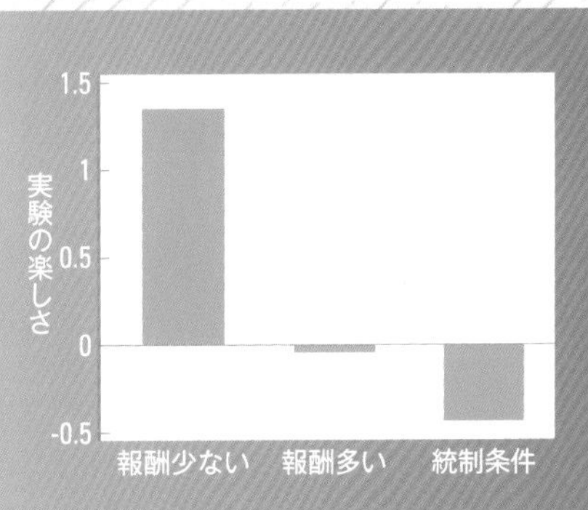

統制条件は報酬もなく嘘もついていない条件。嘘をついたことに対する報酬が少ない場合に実験を最も楽しかったと回答している。

いそうだが、それとは逆の結果だったのである。報酬が少なかった条件では、実験は退屈だという態度と、別の参加者に「実験は楽しかった」と言ってしまった行動との不協和を、実験は楽しかったのだと思うようにする、つまり態度を変えることで解消しようとしたと考えられる。ただし、同じ不協和状態に陥ったにも関わらず、報酬が多かった条件ではそのような態度変化は見られなかった。このことは態度と行動が食い違っているからといっていつでも不協和解消が図られるわけではないことを示している。報酬が多い条件の参加者は、「実験は楽しかった」と嘘をついたのは報酬が多かったからだと自らの行動を正当化することができたため、「退屈だ」という態度を変化させることはなかったといえる。このように自らの態度とは異なる行動をとってしまった理由が明確な場合は不協和解消に動機づけられることはない。嫌いなサッカーチームの応援に友達に頼まれて一緒に行ったとしても、嫌いなサッカーチームを応援したのは友達に頼まれたからだと理由を明確に説明できるため、応援したことでそのサッカーチームを好きになるということは考えにくいだろう。

「あなたのことを好きだから助けるのだ」という信念

私たちは一般に「相手に好意を抱いているから助ける」と思っている場合が多い。「友達だから助ける」とも言い換えられる。助けた相手に「なんで私のことを助けてくれたの？」と聞かれれば、「友達だからだよ」と答えるわけである。ただ現実的には好意を抱いてなくても、友達でなくても誰かのことを助けることはよくある。例えば、ボランティア活動はそうだし、電車の中でお年寄りに席を譲るのは別にそのお年寄りに好意を抱いている場合だけではないだろう。私たちが誰かを助ける理由は実際はかなり複雑で、何か1つの理由に同定することは現実的には難しい。よって、「もともと好意を持っているわけではない相手のことを助けた」という行動と「相手に好意を抱いているから助けるのだ」という態度が矛盾し不協和に陥る。ここで、「私は好意を抱いていない相手のことでも

実験への報酬返却後の実験者への好意

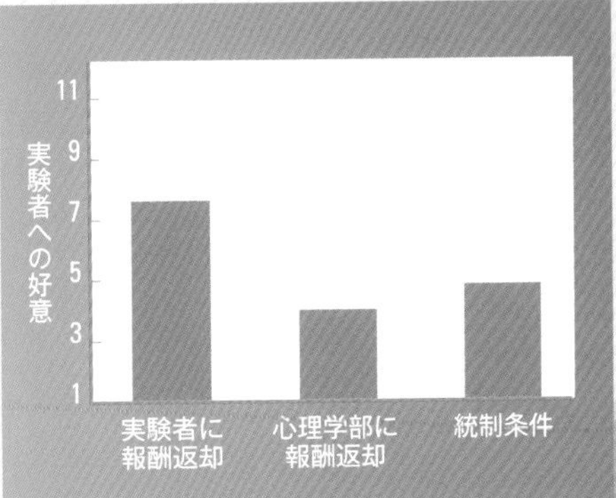

統制条件は報酬（3 $）返却を依頼されなかった。実験者に報酬を返却した場合に最も実験者への好意が高くなっていた。

助けるのだ」というように態度を変えることで不協和を解消することもできるが、このような信念を変えるのは難しいため、「私は相手に好意を抱いていたのだ」と相手に対する評価を変化させることで不協和の解消を図ることが予測される。

このように助けた相手に対する好意度が高まることはある実験で確認されている。参加者は実験終了後に実験参加に対する報酬3ドルを返却してほしいと実験者から懇願される。報酬を返却後、その実験者に対する好意度を尋ねられるが、なんと、報酬返却を依頼されなかった場合（統制条件）よりも実験者への好意度は高くなっていたのである（図）。またこの実験では報酬を実験者にではなく心理学部に返却するように依頼される条件もあったが、この場合は好意度が高くなることはなかった。あくまで相手本人を直接援助してあげることによって好意度が高まることが示されたのだ。

甘えることで自分に好意をもたせることができる？

助けた相手を好きになるのなら、相手に自分を助けさせる、つまり相手に甘えることで自分に好意を抱かせることはできるのだろうか。ここまでに説明してきたように認知的不協和理論に従えば可能であるということになるが、同時にいくつかの制約があることもわかる。自分のことを相手に助けさせることで相手を不協和状態にしなければ効果がない。たとえば、しつこくお願いすると「助けたのはしつこくお願いされたからだ」と思われ、「相手に好意を抱いているから助けたのだ」と思うことによる不協和解消は図られない。甘え方も大事なのである。（谷口淳一）

10

相性の良い人とめぐりあうには血液型を見るべきか

ステレオタイプ
確証バイアス
サブタイプ
自己成就予言
偏見

友人たちと集まると血液型の話題で盛り上がるということはよくあるのではないだろうか。○○はA型だから神経質なんだとか、△△はO型だからおおらかなのだといった話である。また、自分はA型なので、B型の人とは恋人関係になってもうまくいかないといった相性の話をする人もいる。それでは血液型を根拠に恋人を探せば良い人とめぐりあえるのだろうか。結論からいえば、良い人を逃してしまう可能性が高くなってしまうだろう。

血液型ステレオタイプとは

ある血液型の人がどのような性格であるとか、A型とB型は相性が悪いといった考えを血液型ステレオタイプという。ステレオタイプとは、特定の集団やカテゴリーに対して人々が抱いているイメージや知識、信念のことである。関西の人は面白い、女性はおしとやか、眼鏡をかけている人は真面目……などステレオタイプの例は枚挙に暇がない。

よく「ステレオタイプで人を判断するな」と言われるが、多くの人はそのことを理解している。それは集団やカテゴリーに属する人すべてにステレオタイプがあてはまるはずはないからである。関西の人で面白くない人もいるし、眼鏡をかけた不真面目な人もいる。多くの人が有するステレオタイプは「関西の人は面白い人が多い」とか「眼鏡をかけている人は真面目な人が多い」といったイメージがほとんどだろう。ただし、良くないとわかってはいるのに、ステレオタイプを集団やカテゴリーに属

ステレオタイプを用いやすいとき

自分の失敗を指摘されるなど、自己評価が脅威にさらされているとステレオタイプを用いやすくなる。

する特定の個人にあてはめてしまう場合が多々ある。それはある意味、仕方のない側面もある。私たちは毎日、知っている人、知らない人含めて多くの人と関わるが、そのそれぞれに対して細かく相手のことを理解しようとすると時間も労力もかかり、とても生活していけない。ステレオタイプで他者を判断することは効率的で、適応的な側面もあるのだ。

とは言っても、仲の良い友人や恋人に対してステレオタイプを用いて判断を行うことはあまりないだろう。つまり、私たちは状況に応じてステレオタイプを用いたり、用いなかったりしていると考えられる。それではどのような場合にステレオタイプを用いるのであろうか。1つは相手のことをよく知らない場合である。たとえば親しくなった友人が実は関西出身であることが後でわかっても、実は面白い人なのだと思い直したりはしないだろう。相手のことをわからないからこそ、ステレオタイプを用いて判断してしまうと言える。また、自己評価が脅威にさらされているときもステレオタイプを用いやすい。例えば、役所に書類を提出した際に窓口の眼鏡をかけた担当者に不備を指摘されると、「眼鏡をかけた人は真面目なので、柔軟性がない」と思ったりする。自分のミスを指摘されたことに対して、指摘した相手の属性に責任を転嫁することで、自己評価の低下を食い止めたと言える。

なぜ血液型ステレオタイプは揺るがないのか

それではそもそも血液型ステレオタイプは正しいのだろうか。つまり、A型の人は（他の血液型の人よりも）神経質な人が多いということはあるのだろうか。これは実際に調べてみればわかることであるが、多くの心理学研究において実際に調べたところ、血液型と性格との関連性は否定され続けている。たとえば、ある研究では日本とアメリカの大規模データを用いた検討を行い、68項目の性格特性のうち65項目において血液型による意味のある差は見出されず、また残り3項目についても血液型による差はほぼ0に近いものであり、血液型と性格は無関連であると結論づけている。

ではなぜ血液型ステレオタイプを有しており、それを用いて他者を判断する人が多いのだろうか。それは、いったん有した血液型ステレオタイプはなかなか揺るがないからである。このことには確証バイアスとサブタイプという2つの心のはたらきが関与している。まず、確証バイアスとは自分の思い込みや信念と一致するところばかりに注目したり記憶したりし、反対に一致しないことは無視してしまったり忘れてしまったりすることをいう。まさに自らの思い込みを確証するように情報収集し、記憶することである。たとえば、A型は神経質という血液型ステレオタイプを有していれば、A型である他者の神経質な側面ばかりに注目し、やっぱりA型だなと納得し、血液型ステレオタイプは強固になっていく。また、サブタイプとはそのような思い込みや信念とは異なる事例に接しても、それを例外として処理してしまうことである。神経質とは思えないA型の人に出会っても、あの人は例外だと思うことで、A型は神経質というステレオタイプは揺るがないのである。

ある実験では、1人の架空の人物の性格が表れたエピソードを実験参加者に読ませ、その人物が特定の血液型であるかどうかを判断させたところ、たとえばA型であるかどうかを判断するように求められていた場合は、A型の性格特性を重視して判断していた。さらに、血液型ステレオタイプが妥当であると思っている人ほど、「A型ですか？」と尋ねられた場合に「A型です」と回答しており、同じ人物（性格）なのに質問のされ方によって異なる血液型を回答してしまうという皮肉な結果が得られている。

また、血液型ステレオタイプが妥当であると思うことで、自分自身が血液型ステレオタイプに合致した性格になっていくことも明らかになっている。ある研究では、血液型と性格が関連していることを示唆するようなTV番組を見て楽しんだという人たちにおいては、血液型によって実際に性格が異なっていたが、そのようなTV番組を見ていない、あるいは見たけれど楽しめなかった人たちにおいてはそのような血液型による差は見られなかった。これは、人が何らかの予期をした場合に、その予期が実現するように自らが行動するようになることによって、実際にその予期が現実のものとなるという自己成就予言のメカニズムが働いていると考えられる(➡25)。つまり、血液型と性格が関連するというTV番組を楽しみながら視聴することで、自らは血液型ステレオタイプに合致した性格を有しているとの信念を抱き、その信念を確証するような行動を実行することによって、次第に血液型ステレオタイプに合致した人間になっていくということである。

偏見が出会いのチャンスを阻む

血液型ステレオタイプによって人を判断したり、自分もそれに当てはまっていると思っていたとしても、日常生活で困ったり、他人に迷惑をかけたりすることはないように思われる。しかし、ステレオタイプへの信奉もいきすぎると問題となる。ステレオタイプに好き嫌いなどの感情的要素が加わると偏見となるのである。たとえば、「AB型は二重人格である」というステレオタイプが「AB型は二重人格なので接しづらく、嫌い」となると偏見である。偏見は少数集団に向けられることが多いため、日本では相対的に割合の少ないAB型やB型のイメージが悪くなっているとも考えられている。

他者に向けられた偏見は、結局は自分にも害をもたらす。根拠のない血液型ステレオタイプによって恋人選択を行うなど、人間関係を選択していれば、自らの人間関係を狭め、自分に幸せをもたらしてくれる良い人との出会いをいつの間にか逃してしまうのである。 (谷口淳一)

11

「公正」と感じる基準

Keywords

分配的公正
手続き的公正
応報的公正

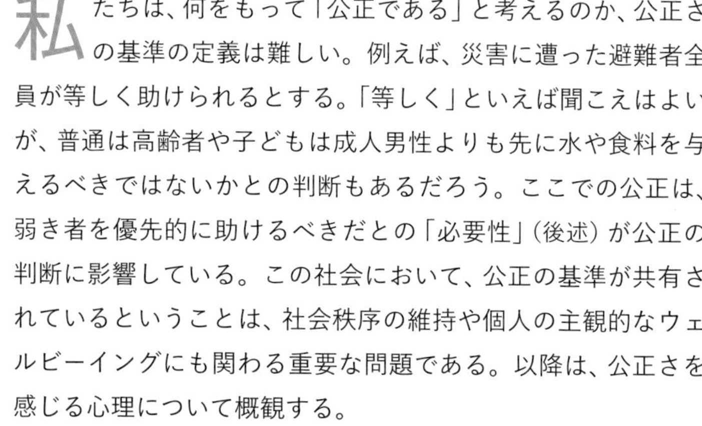

私たちは、何をもって「公正である」と考えるのか、公正さの基準の定義は難しい。例えば、災害に遭った避難者全員が等しく助けられるとする。「等しく」といえば聞こえはよいが、普通は高齢者や子どもは成人男性よりも先に水や食料を与えるべきではないかとの判断もあるだろう。ここでの公正は、弱き者を優先的に助けるべきだとの「必要性」(後述)が公正の判断に影響している。この社会において、公正の基準が共有されているということは、社会秩序の維持や個人の主観的なウェルビーイングにも関わる重要な問題である。以降は、公正さを感じる心理について概観する。

分け方から見た公正さ:分配的公正

分配的公正とは、一定量のリソースを集団のメンバーにどう分けるのかに関わる公正観である。ステイシー・アダムスの衡平理論では、投資と報酬のバランスが公正さを感じさせると説く。1時間働けば1,000円もらえる条件下で、3時間働いて3,000円もらえれば公正と感じるが、3時間働いたのに1,000円しかもらえないと不公正だと感じる。しかし、3時間で5,000円など、もらいすぎてもまた不公正さを感じさせる(本来もらえれば嬉しいはずなのに、きまりの悪さや申し訳なさと認識される感覚のようなものであろうか)。また、自分と同じ分の投資をした友人の得る報酬が自分よりも多くても少なくても、やはり不公正に感じるだろう。本質的に、衡平性という概念は多分に主観的・相対的であり、人は他者との比較を通じて自己を評価するという相対

分配的公正

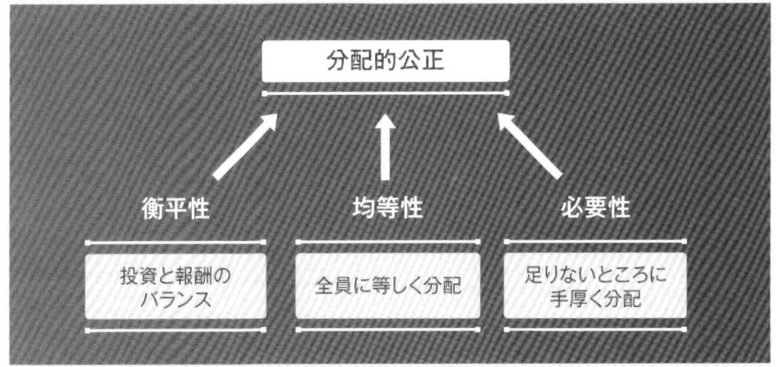

分配的公正の認識には、衡平性・均等性・必要性の3つの要因がある。それぞれの重要性は、そのときどきにおかれた集団や状況に応じて異なる。

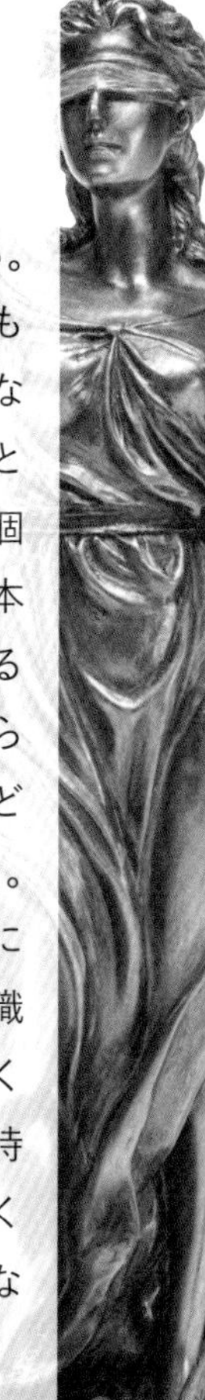

的剥奪理論が予測する現象の1つとも考えられなくはない。

アダムズの理論をより精緻に説明したのがモートン・ドイチュである。ドイチュは「衡平性」に加えて、「均等性」・「必要性」という2つの要因も公正さの認識に影響すると考えた。「均等性」とはいわゆる社会主義的なイメージの公正要因で、メンバー全員が等しく資源を分配すれば公正と感じられるというものである。コロナ禍での給付金10万円のように、個別の事情や努力の違いに関わらず均等に分配されるという点では、資本主義的な衡平性とは対極的とも考えられる。もう1つの公正要因である「必要性」は、足りないところに応じて資源分配をすると公正さが感じられるというものである。具体例として、高齢者や子ども、貧しい人々などに対して相対的に手厚く支援する諸政策（生活保護など）がそれにあたる。

ただし、衡平性・均等性・必要性それぞれの重要性は、そのときどきにおかれた集団や状況に応じて異なる。たとえば民間企業における営業職の場合、同僚Aよりも多くの利益を上げたBに対しては衡平性に基づく給料が公正だと感じるだろう。しかし、Aが毎日、親の介護のために定時で退社しなければならなかったという状況であったとすると、おそらくは、衡平性一辺倒ではない給与体系が望ましいように思われるのではないであろうか。

プロセスから見た公正さ：手続き的公正

手続き的公正は、ある結果に至るプロセスに焦点をあてた公正観である。この公正観では、分配的公正のように「終わりよければすべてよし」というわけではなく、なぜそのような終わり方になるのか、そこに至る過程にかかわる規則やその一貫性・透明性、その結果が誤った場合に修正可能かどうかといった評価から成る公正観であり、その集団に居続ける限り自分の権利や利益が守られる保障があるかどうかといった問題に関わるため、分配的公正よりも重視されやすい。

紛争や裁判の場面を想像するとわかりやすいが、手続き的公正について、ジェラルド・レベンタールは以下の6つの要因を挙げている。それらは、①決定が一貫していること、②偏見がないこと、③情報が正確であること、④修正が可能であること、⑤意見が反映されていること（代表性）、⑥倫理的であることである。例えばある組織で不祥事が起こった場合、審査する第三者委員会が組織自身によって立ち上げられた場合を考えてみてほしい。あなたにとって、その評価はどれほど信用に足るであろうか。たとえ外部の識者を招いているとしても、第三者委員会にかかる資金の出どころからして公正であるとは判断しにくいものである。

逆に、結果に至るプロセスがこうした要因を満たしていれば、その結果を問わず公正と判断されやすい。実験題材として裁判を扱ったジョン・ティボーらの研究では、公判で発言できる機会があることによってその裁判が公正であると判断するようになるとの結果が報告されている。

手続き的公正

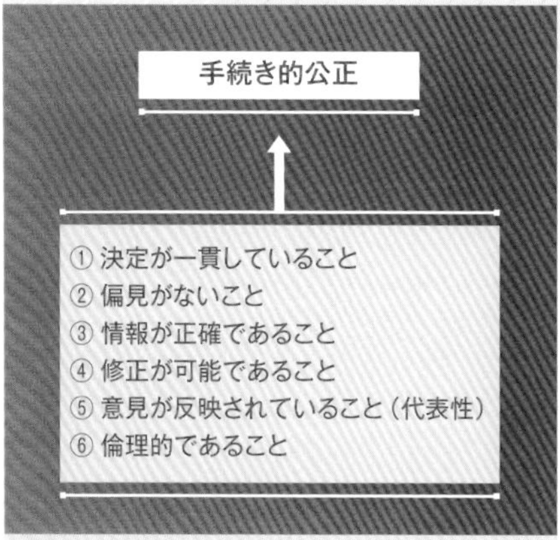

手続き的公正の認識には6つの要因がある。集団において自分の権利や利益が守られる保障があるかどうかに関わるため、手続き的公正は重視されやすい。

刑事裁判における被害者（遺族）にとっても同様に、こうした効果が期待できるのかもしれない。わが国では、2008年12月に被害者参加制度が導入されたが、この制度下では重大事件の被害者参加人が被告人質問をしたり論告をしたりすることができるようになった。導入前は蚊帳の外にいた被害者側が発言できることは、理論上、手続き的公正を高めることにつながる。ただし、法社会学者の佐伯昌彦によれば、形式的に発言の機会を与えることが本質なのではなく、「発言を聞いてもらえた」という主観的な評価こそが手続き的公正につながっているとされる。

「因果応報」的な公正さ：応報的公正

応報的公正は、犯罪などの違法行為に特化した公正観である。「因果応報」という言葉もあるように、「悪いことをすればその分の報いを受けるのが当然である」との考え方で、行為に対する相応の返報を想定する公正世界信念の一種でもある（➡ Ⅰ 3）。応報的公正は、「こんな酷い事件を起こしたのだから厳刑は当然である」といった考えにも表れるように、一般市民にとっては常識的であり、直感的な公正観である。それゆえに、一般市民が裁判員となったときには、明文化された法律、判例、客観性に基づく“法的な公正”としばしば対立する。応報的公正は怒りや義憤といった感情によって促進されやすい。また、それが判断に及ぼす影響を自覚したり抑制したりすることが難しいという特徴もある。したがって、そういう感情を喚起させるような残虐な証拠や証言が出されると、訓練を受けていない一般市民は応報的公正にしたがって罰を重く判断しがちになる。一方で、実際の法的判断は全く異なるプロセスを経て決められており、報いという意味の他にも、罰を利用して将来の犯罪を抑止しようという功利主義的な考え方も加味される。一般市民の抱く応報的公正は死刑制度など重要な法制度の社会心理的基盤となっており、無視すれば司法に対する信頼を薄れさせるとも言われていることから、社会と法の関係性を考えるうえで注目する必要があるだろう。（綿村英一郎）

キラキラネームは子どもにどんな影響をもたらすか

Keywords
自己概念
自尊心
期待効果

子どもを授かった親ならば、「子どもに何らかの思いを込めて命名してあげたい」と考えるだろう。また、子どもも成長していく中で、いつかは自分の名前の由来を考えてみたり、親に直接聞いてみたりするだろう。人にとって、名前は一生背負っていくものであり、重要な意味をもつと言える。この「人の名前」について、近年では「キラキラネームの是非」というかたちで議論が引き起こされている。「キラキラネーム」は今では広く知られる、当て字を使っていて読み方が難しいなど風変りな名前を表す言葉である。例えば、女の子の名前として「苺愛（いちあ）」、「華琉甘（かるあ）」、男の子の名前として「男（あだむ）」、「火星（まあず）」などがある。近年では、キラキラネームをつける傾向は下火になりつつあるものの、今もなお、風変りな名前をつける親がいる。このようなキラキラネームをつけることで、子どもにはどのような影響が生じるのか考えてみたい。

自己概念への影響

人は誰しも「自分はこういう人間である」という考えを抱いている。たとえば、「私は社交的だ」、「私は困っている人を見ると放っておけない」といったものである。このような考えは、自己概念と呼ばれる（➡07）。そのような自己概念をどう意識するかによって、その人の態度や行動が規定されると考えられている。先ほど例に挙げたようなポジティブな自己概念をもっていれば、社会の中における自分の存在を肯定的に捉えることが

自己概念の形成

人は自分についての知識や信念（自己概念）をもっていて、それはその人の態度や行動に影響する。キラキラネームは本人のポジティブな自己概念の形成につながる可能性もあれば、ネガティブな自己概念の形成につながる可能性もある。

できる。一方で、「私は人とうまく付き合えない」、「私は横暴な性格である」といったようなネガティブな自己概念はその人にとってマイナスの結果をもたらしうる。人が「自分を変えたい」、「変わりたい」と思うときに、ネガティブな自己概念が大きな障害となってしまうのである。

キラキラネームによってポジティブな自己概念が獲得されたならば、プラスの影響をもたらしうる一方で、ネガティブな自己概念が獲得されたならば、マイナスの影響をもたらすことになる。また、周囲から名前を理由にからかわれることによって、自尊心（➡03）の低下にもつながってしまう可能性もある。

周囲からの期待による影響

周囲から何らかの期待をされることによって、キラキラネームがその人の行動にも影響する可能性も無視することはできない。このことは、期待効果により説明が可能である。期待効果とは、その人の名前をもとに、先入観や人柄に対する期待が生じ、それにとらわれた印象を形成することによって、その期待通りに本人が行動してしまう現象である。

教育心理学者のロバート・ローゼンタールらは、ある小学校で、周囲からの期待がその人の行動に影響を与えることを示した。彼らの研究では、小学校のあるクラスで担任の教師に「数か月後に成績が伸びる児童を判断するためのテスト」と称して、一般的な知能検査を行った。そして、その知能検査の結果とは無関係に選んだ児童の氏名を載せた名簿を担任の教師に渡して、「テストの結果から、この児童たちは成績が向上するポテンシャルをもっている」と説明した。数か月後、児童の成績を確認したところ、彼らが担任教師に「成績が向上する」と説明した児童が、他の生徒に比べて実際に成績が向上していたことが確認された。これらの児童は、特別に知能が高かったというわけではなく、ランダムに選ばれたにも関わらず、担任の教師に「ポテンシャルをもっている」と告げただけで、本当に成績が向上していたのである。この理由として、担任の教師が、「成績が向上する」と期待して激励の言葉をかけたり、勉強を熱心に教えたいと思うようになったりした可能性が挙げられる。また、児童たち自身も、期待に応えようと努力するようになった可能性も考えられる。いずれにせよ、周囲の期待によって、本人の行動、ひいてはパフォー

教師期待効果（ピグマリオン効果）

「成績が上がるポテンシャルをもつ」と研究者から教師に伝えられた生徒は、その後実際に成績が向上した。この研究は、周囲の期待によって本人の行動やパフォーマンスが変化することを示している。こうした期待効果にはポジティブなものだけでなく、ネガティブなものもある。キラキラネームも、期待効果を生み出す要因となり得る。

マンスが変化することが確認されたわけである。

一方で、期待効果においては逆の影響も起こり得る。すなわち、周囲から期待されないことによって、望ましくない方向に行動が変化したり、パフォーマンスが低下したりしてしまうこともある。たとえば、非行少年が更生しようとしても、周囲から「あいつは更生できない」、「同じことを繰り返すだろう」などと言われ続けると、本当に非行を繰り返すようになってしまう。

キラキラネームが本人に与える影響については、心理学的見地からも慎重に考える必要があると言えるだろう。例えば、響きの良く、好ましいイメージのキラキラネームの場合、周囲からの期待通りに本人が望ましい方向に自己イメージをもち、ポジティブな影響が生じると考えられる。一方で、好ましくないイメージのキラキラネームは、ネガティブな影響をもたらすこととなる。

キラキラネームとどう向き合っていくべきか

流行は時代とともに変わっていくものであり、今は風変わりだと思われる名前も、将来は一般的な名前にもなるかもしれない。何よりも、親が思いを込めて命名したのであれば、その名前を尊重するべきである。しかし、上述したように、キラキラネームはポジティブな影響だけではなく、ネガティブな影響をももたらしうる。最も大事なことは、キラキラネームのもたらす影響をきちんと理解したうえで、命名することである。そして、子どもには名前にどのような思いが込められていたかをきちんと説明し、子ども自身にも理解してもらうことが望ましいだろう。さらに、周囲の人たちは、風変わりだからという理由でキラキラネームをむやみに批判するのではなく、その名前の由来や親の思いを理解しようと努めることで、社会的存在として認め、受容していく必要がある。

（新岡陽光）

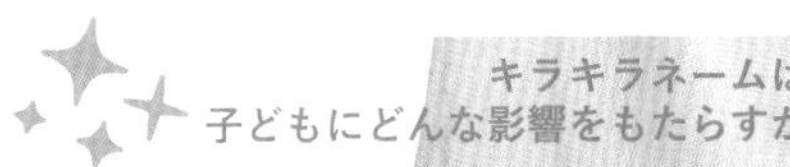

罪と罰を生み出すもの

Keywords
公正世界信念
応報的動機
原因帰属
責任帰属
行為者·観察者バイアス

ある漫画に登場するキャラクターが嘘をついたことへの報いを受ける際、「これは（嘘をついたことに対する）罰なんだ」と後悔するシーンがある。そのキャラクターは、罪の本質について、「多くの他人を騙したことではなく、自分に嘘をつき続けたことだ」と述懐した。このシーンから推察される罪に対する罰の根拠は、起こした行動の結果ではなく、起こそうとした意図およびその肯定ということになる。

現実社会においては、例えば、図らずも人を殺めてしまった過失致死罪と、図ったが完遂できなかった殺人未遂罪がある。アダム・オルターらによれば、どちらにより重い罰が与えられるべきなのか、一般市民感情としては後者のほうがより悪いと判断されるようだ。

行為と報いのバランス：公正世界信念

このような素朴理論としての罪と罰の心理の根底には、普遍的に公正世界信念が影響している。公正世界信念とは、この世では行為と報いとのバランスが保たれているという考え方である。平たくいえば、「善い行いをすればいずれは良い報いがあり、悪い行いをすれば悪い報いとなって返ってくる」といったようなもので、その判断主体となる神の視点のようなものも想定されている。普遍的と言えるのは、さるかに合戦やかちかち山といった昔話、アンパンマンや水戸黄門といった国民的人気番組、（例を挙げればきりがないが）ハリウッド映画にも正義の前に悪が敗れるという構造の作品が、時代・文化の違いを超えて

公正世界信念

「善い行いをすれば良い報いがあり、悪い行いをすれば悪い報いがある」という「公正世界信念」は、普遍的なものとして罪と罰の心理の根底にある。それは、私たちになじみのある多くの物語の中に勧善懲悪のパターンが見られることからもわかる。

よく観察されるからである。

公正世界信念が罪と罰の心理の根底をなすということを理解するためには、もう1つ、応報という概念にも注目する必要がある（➡ I I）。応報的動機とは、犯罪などの社会的秩序に対する違反行為に特化し、公正世界信念の維持のためにはたらく動機である。応報的動機は、犯した罪の重大性が大きいほど重い罰を求めようとする。傷害罪よりも傷害致死罪、被害者1人の殺人罪よりも2人の殺人罪のほうが、罰は重くなるべきだと判断される。しかし、何をもって罪が重大と判断されるかは、主観的な評価による。冒頭で紹介したアダム・オルターらの研究では、実際に人が死んでしまった過失致死よりも、殺意を持っていたが結果的には殺めることができなかった殺人未遂のほうが罪としてより重大だと感じられ、罰が重くなるという結果が得られている。

さて、ここまで振り返ると、公正世界信念は、犯罪者のように悪いことをした者に対してネガティブな評価を及ぼすように思われそうだが、実は真逆とも言える影響を及ぼすことがある。被害者非難に関する研究では、犯罪に遭遇した被害者に対して、「服装がだらしなかったから」、「日頃の行いが良くなかった（から犯罪に巻き込まれたのだ）」といったネガティブな評価がなされることもある。これは、行為と報いとのバランスを保つという公正世界信念を保つために、悪いことに巻き込まれたのは悪い行為をしていたからだという判断がはたらいたからである。

行為の原因と責任の所在：原因帰属・責任帰属

罪と罰の心理を考察するうえで、起こした行動の原因とその帰結としての責任の所在は重要な問題である。被告人はなぜ交通事故で被害者を死なせてしまったのか。その原因と責任によって罪の重さは変わるし、連動して罰の重さも変わってこよう。なぜそのような行動を起こしてしまったのか、その原因を何らかの要因に帰すことを原因帰属という。原因帰属は内的帰属と外的帰属の2つに分けられる。内的帰属とは、「被告人が注意散漫だったから」、「運転が荒いから」といった行為者側の要因に基づく考え方である。他方、外的帰属は、「雨が降っていて視界が悪

原因帰属と責任帰属

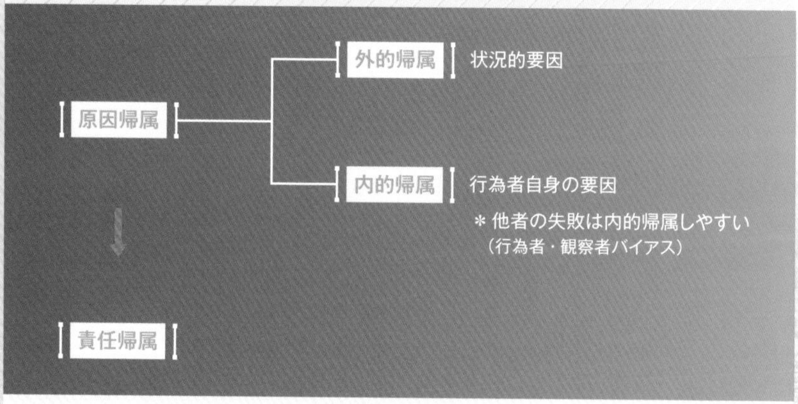

罪と罰について考える上で、行動の原因と責任をどこにあると考えるのかは重要である。原因や責任が何らかの要因に帰属されるプロセスは単純ではない。

かったから」、「被害者が不用意に飛び出したから」といったように、行為者の意思とは関係がない状況的要因に基づく考え方である。当然のことながら、交通事故の原因が内的帰属に寄れば罪も罰も重くなる。

ただし、ここには1つのバイアスが絡む可能性もある。一般的に、人は他人が犯した失敗に対しては（自分の失敗に比べて）内的帰属しやすい。これを行為者・観察者バイアスという。つまり、同じ交通事故であっても、（仮に）自分が犯したときには何らかの言い訳をして外的帰属するが、他人の場合には内的帰属しやすく、事故を起こさない術があった、防ぐことができたなどと考えてしまうのである（統制の所在）。巷の報道番組や新聞では、何か事故があったとき、その責任者や担当者を追及する傾向が強いが、現実的には不可避なケースも少なくない。もしその責任者あるいは担当者が自分だったら、という想像をはたらかせづらいところに行為者・観察者バイアスの影響がある。

罪の原因が特定されたとしても、その責任を誰がどれほど負うべきかという責任帰属の問題はまた別である。たとえば、いわゆる介護殺人は、介護に疲れた被告人が被害者である肉親を殺害してしまうというケースである。原因帰属という観点から考えると、「殺そう」という明確な意図があり、「疲れた」という自身の都合で被害者を殺害しているので、内的帰属される事案であり罪も罰も重くなるはずである。しかし、一般感覚としても、実際の判例（京都・伏見認知症母殺害心中未遂事件の裁判など）でも、この類の介護殺人の被告人に対して責任を問う気持ちは弱い。むしろ責任の矛先は、市や県の福祉担当、厚生労働省、あるいは“介護者に優しくない”社会全体といった漠然とした対象に向かい、「なぜ助けられなかったのか」と追及する世論を形成することもある。

社会心理学の観点で言えば、「行為の結果→罪→罰」というわかりやすい構造にはなっていないようである。罪と罰の関係性を理解するためには、→の部分を調整する心理、たとえば公正世界信念や帰属の影響をみることが重要であると考えられる。

（綿村英一郎）

ギャンブルにはまる心理

Keywords
学習理論
報酬
強化
ギャンブラー・ファラシー
プロスペクト理論

多額のお金をギャンブルに突っ込む人がいる。大負けした後は「もう二度とやらない」と言いながら、しばらくすると、またギャンブルにのめり込んで同じことを繰り返す。ギャンブルをしない人から見れば、「どうして？」とまったく理解できないことだろう。では、なぜギャンブルにはまってしまう人がいるのだろうか。また、ギャンブルからなかなか抜け出せないのはどうしてなのだろうか。

なぜ同じ行動を繰り返すようになるのか：報酬と強化

私たちは、どうしてある行動を何度も繰り返すようになるのだろうか。それを説明する理論の1つが、学習理論である。学習理論では、過去に報酬と結びついた行動は繰り返されやすくなり、反対に、罰と結びついた行動は取られにくくなるとされる。つまり、ある行動を取った結果、良いこと（褒められる、良い気分になる等）が起こった場合、その行動は繰り返されやすく、悪いこと（叱られる、嫌な気分になる等）が起こったならば、その行動は取られにくくなるというのである。その際、前者のように、報酬（良いこと）と結びついて行動が繰り返されるようになること、言い換えれば、行動の頻度が増加することを強化と言う。

アメリカの心理学者バラス・スキナーは、スキナー箱という仕掛けを作成し、その中にネズミを入れることで強化に関する実験を行った。スキナー箱には、レバーがついており、それを押すと餌が出てくるようになっている。スキナー箱のネズミは、最初は、中を走り回っているだけだが、偶然レバーに触れ、餌が出

てくることに気づく。すると、ネズミはレバーの周りをうろちょろし始め、レバーを押す頻度が増加していく。すなわち、餌という報酬によって、レバーを押すという行動が強化されたのである。

ギャンブルにはまる人も、このような報酬と強化の観点から説明が可能となる。つまり、過去にギャンブルで勝ったときの経験が報酬となり、ギャンブルをするという行動が強化されていったのである。ギャンブルをしない人からすれば、ギャンブルで負けたらお金がなくなるので報酬にはならないと思うことだろう。しかし、ギャンブルでの報酬は、勝ったときに得られるお金だけでない。予想が当たったときや大当たりを引いた際の興奮や熱狂、優越感もまた報酬となり得る。つまり、ギャンブルにはまる人は、たとえお金では損をしていたとしても、ギャンブルによって得られる全体的な報酬が罰を上回っているのである。

「次こそは……次こそは……」：ギャンブラー・ファンシー

有名なギャンブルの一つにルーレットというものがある。回転する盤に球を投げ込み、どこに球が落ちるかを当てるゲームである。ここでは赤と黒のどちらに球が落ちるかを賭け（ベット）の対象としよう。ルーレットは赤と黒のスポットが交互に並んで同数あるので、赤と黒のどちらに球が落ちるかは確率的に1/2である（親の総取りである緑のスポットがあるので、完全に1/2ではないが……）。ここで少し想像してみてほしい。あなたは賭けをする前に、5回ほどルーレットを観察していた。すると、5回連続で赤に球が落ちていた。では、次回、球は赤と黒のどちらに落ちやすいだろうか（もちろん、ルーレットはいかさま仕様ではない）？あなたは、「赤」と答えるだろうか、それとも「黒」と答えるだろうか。答えは「どちらでもない」だ。これまでの過去のことがらがどうであれ、次に、赤もしくは黒に球が落ちる確率は、両方ともに、やはり1/2である。しかしながら、私たちは、一般に自分の主観的な経験から確率を歪めて捉えようとする傾向がある。つまり、「次こそは黒に落ちるはずだ」「赤に流れがあるから、次も赤に落ちるだろう」と思いやすいのである。この現象は、ギャンブラー・ファラシー（ギャンブラーの誤謬）と呼ばれる。ギャンブルにはまる人は、「これだけ負けが込めば次は勝てるはずだ」「さっき勝って自分に流れがあるから、次も勝てるだろう」というギャンブラー・ファラシーに陥り、「次こそは」「次も、きっと」と考えることで、ギャンブルにのめり込んでいってしまうのである。

負ければ負けるほどギャンブルにはまる？：プロスペクト理論

ノーベル経済学賞を受賞したダニエル・カーネマンのプロスペクト理論によると、私たちは得をする場合と損をする場合とでは、お金に見出す価値や考え方が異なっているとされる。まず、以下の問1を見ていただきたい。あなたなら選択肢のAとBのどちらを選ぶだろうか。

問1	選択肢A　確実に（100％の確率で）900万円もらえる
	選択肢B　90％の確率で1000万円もらえる

カーネマンによると、このようなお金をもらえるという得をする場合には、多くの人が選択肢Aを選びやすいとされる。つまり、10パーセントの確率で何ももらえないリスクのある選択肢Bよりも、確実に900万円もらえる安心感のある選択肢Aが選ばれやすいのである。では、次の問2の場合なら、あなたは選択肢のaとbのどちらを選ぶだろうか。

問2	選択肢a　確実に（100％の確率で）900万円失う
	選択肢b　90％の確率で1000万円失う

この場合、つまりお金を失うという損をする場合には、一般的に選択肢のbが選ばれやすい。先の問1のように得をする場合には、私たちはリスクを避け安心を得ようとするにもかかわらず、損をする場合には、リスクを冒してでも損失を回避しようとするのである。では、このように得する場合と損する場合では、なぜ、異なった基準から選択を行うのだろうか。

カーネマンの提唱したプロスペクト理論によれば、図のように、私たちは、得する場合と比較して、損する場合は、同じ金額であっても、その価値が約2倍程度にまで跳ね上がるとされる（図を見てもらえれば、同じ1万円に対応する縦軸の価値の値が、利得の場合と比べ、損失の場合の方が2倍程度大きくなっていることがわかる）。つまり、私たちは、一般に、何かを得ることよりも、何かを失うことを重大視しやすい。上記の問2のように、損したり、何かを失ったりする可能性がある場合には、私たちは、あえてリスクを冒してまで、それを避けようとするのである。

プロスペクト理論

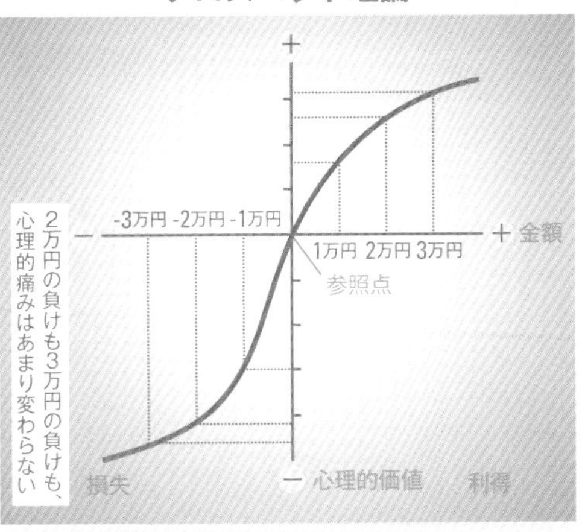

この図のように、私たちは、同じ金額であっても、得する場合よりも損する場合により大きな価値を感じる（お金の場合以外でも、一般に何かを得ることよりも失うことを重大視しやすい）。そのため、あえてリスクを冒してでも、損失を回避しようとする。また、金額が上がるにつれて、感じる価値の大きさはあまり変わらなくなる（図の曲線の傾きは、金額が上がるにつれてゆるやかになっている）。

では、このプロスペクト理論をギャンブルに当てはめるとどうなるだろうか。ギャンブルで負けがこみ始めると「お金をすった（失った）」という損失を避けようとして、よりリスクを冒しやすくなる。さらに、先の図の左下（第三象限）を見てほしい。損失は、額が大きくなるにつれ、それに伴う心理的な痛み（価値）の変化は鈍くなる。言い換えれば、2万の負けも、3万の負けも、心理的な痛みとしてあまり大きな違いがなくなってしまう。つまり、ギャンブルで負けがこむと「もう少し突っ込めば、負け分を取り返せるに違いない」「すでに3万円も負けたんだから、さらに1万、2万負けても今更変わらない」と考えやすくなってしまうのである。ギャンブルで負けたという損失を回避しようとして、よりリスクを冒しやすく、また、金銭感覚も鈍くなっていくことで、結果的に損失額はさらに大きくなっていく。ギャンブルは負ければ負けるほど、その落とし穴に深くはまり込んでしまうのである。

（金政祐司）

意識できない心の働き

Keywords
2過程モデル
顕在過程
潜在過程
潜在連合テスト

あなたがあるミステリー小説を読んでいるとき、たとえば「主人公は銀行員をしていて、大切な妻と娘がいる。どこにでもいそうな平凡な主人公が事件に巻き込まれていき……」といったように、登場人物や場面について思い描きながら読んでいくことだろう。その一方で、「登場人物Aは弁護士だから犯人でなさそうだ。」、「登場人物Bは無職だから犯人ではないか。」と無自覚に考えてしまうこともあるかもしれない。このように、人がある対象を認知するとき、心の中では意識できるような働きと意識できない働きが生じているのである。

意識できる心とできない心

初めに、以下の文章を読んでみてほしい。

> ドクター・スミスは、アメリカのコロラド州立病院に勤務する腕利きの外科医である。仕事中は、常に冷静沈着、大胆かつ慎重で、州知事にまで信望が厚い。ドクター・スミスが夜勤をしていたある日、緊急の外来の電話が鳴った。交通事故のケガ人を搬送するので執刀してほしいという。父親が息子と一緒にドライブ中に、ハンドル操作を誤り、谷へ転落、車は大破、父親は即死、子どもは重体だと救急隊員は告げた。20分後、重体の子どもが病院に運び込まれてきた。その顔を見て、ドクター・スミスはアッと驚き、茫然自失となった。その子どもはドクター・スミスの息子だったのだ。

この文章を読んで、意味を理解できただろうか。おそらく多くの人が「重体の子どもには2人の父親がいたのか？」と考え

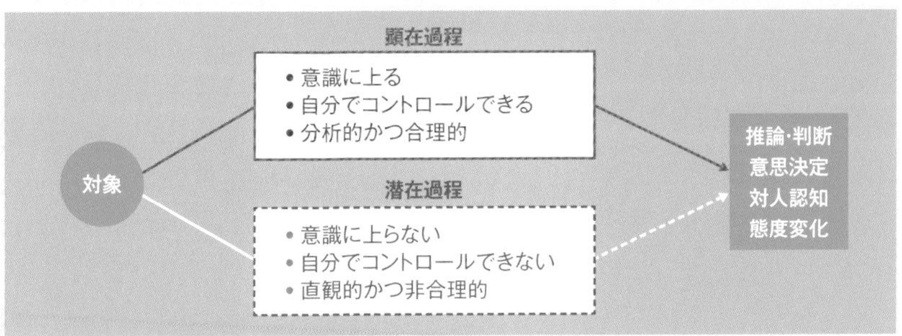

人の認知には顕在過程と潜在過程の2つの過程がある。

てしまったことだろう。実は、「ドクター・スミス」は女性であり、「死んだ父親」の妻である。この文章では、「ドクター・スミス」について、「腕利きの外科医」、「冷静沈着」、「大胆」、「慎重」という記述があった。そのために、多くの人が「女性にも腕利きの医者がいて、冷静沈着、大胆かつ慎重な性格の人もいる」とわかっていたとしても、ドクター・スミスを「男性である」と無意識に判断してしまうのである。

人の認知を説明するモデルとして広く用いられているものに、2過程モデルが挙げられる。2過程モデルでは、人の推論や判断、意思決定、対人認知、態度変化などにおいて、2つの過程を仮定することによって説明が可能であると考えられている。その2つの過程とは、顕在過程と潜在過程である。顕在過程は、意識に上り、統制可能な過程であるのに対し、潜在過程は、意識に上らず、自ら統制不可能な過程である。先ほどの「ドクター・スミスの例」において、この潜在過程のために多くの人が読み間違えてしまう。このように、人の判断がときとして規範的、あるいは合理的な基準から外れてしまうのは、主に潜在過程によるところが大きいと考えられている。

意識できない心を測定する方法

ある対象に対する人の認知を測定するにはどのような方法が有効だろうか。たとえば、「黒人に対する態度」を測定する際に、多くの人が思いつく方法は、直接質問することである。すなわち、「あなたは黒人についてポジティブな態度をもっていますか。」といった質問群を作成し、その質問紙に回答させる。この方法は、2過程モデルにしたがえば、顕在過程での態度を測っていることになる。しかし、この方法には、ある対象に対する態度を測るうえで、大きな限界がある。もし、あなたが黒人に対してポジティブな態度をもっていた場合、「あなたは黒人についてポジティブな態度をもっていますか。」という質問に「YES」と回答するだろう。一方で、もし、あなたが黒人に対してネガティブな態度をもっていた場合はどうだろうか。もちろん、「あなたは黒人についてポジティブな態度をもっていますか。」という質問に「No」と回答する人もいるだろう。しかし、現代社会においては差別や偏見は容認されていないことから、社会的に望ましい方向に回答を歪めようと動機づけられて、本当はネガティブな態度をもっていたとしても、「ポジティブな態度をもっている」と偽りの回答をしたり、あるいは、本来よりも弱いネガティブな態度を表明したりする可能性もあるだろう。これは、顕在過程が意識に上り、自らの意思でいくらでもコントロールができてしまうために生じる問題であり、これでは本当の態度を測定することができない。

それに対して、潜在過程は意識に上らず、自らの意思でコントロールできないことから、社会的に望ましい方向に回答を歪めることが難しい。したがって、潜在的な態度を測定することができれば、人の心の働きを明らかにするうえで非常に有用であると言える。しかし、本人の意識にさえ上らないような態度を測定することは可能なのだろうか。

1995年に、心理学者のアンソニー・グリーンワルドとマーザリン・バナジは、潜在的な態度を測定するという難題に対し、潜在連合テスト（Implicit Association Test: IAT）というかたちで解決策を見出した。IATは、特定のカテゴリ（例:「黒人」・「白人」）とある属性（例:「良い」・「悪い」）という2種類の対になる概念間の相対的な連合の強さを測定するものである。具体的には、4つの概念（「黒人」・「白人」・「良い」・「悪い」）に関する刺激（黒人と白人の顔写真・「楽しい」、「優しい」等のポジティブ語、「粗暴」、「愚か」等のネ

潜在連合テスト（IAT）

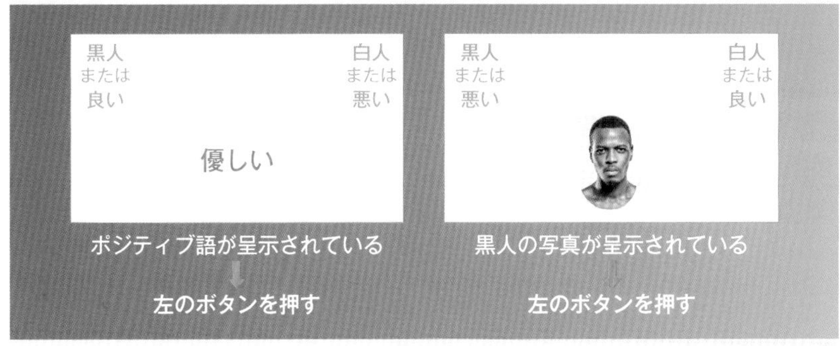

ある対象についての人の潜在的な態度を明らかにするために用いられるテストである。

ガティブ語）を提示し、それが4つの概念のいずれに当てはまるかをボタン押しにより、できるだけ早く回答させる（図参照）。IATの根底にある考え方は、回答者にとっての連合の強さによって反応時間が変わるということである。すなわち、「黒人」に対し、ネガティブな態度をもっている場合は、例えば、ポジティブな刺激語である「優しい」を、「黒人または良い」に回答する時間の方が「白人または良い」に回答する場合よりも長くなる。

概念間の連合の強さは普段は意識には上らない。そのため、「黒人」カテゴリと「良い」属性の連合が強ければ、潜在的に黒人に対してポジティブな態度をもっていることがわかる。反対に、「黒人」カテゴリと「悪い」属性の連合が強ければ、潜在的に黒人に対してネガティブな態度をもっていることになる。IATの反応は、できるだけ早く回答を求めるために、回答を歪める隙がなく、潜在的な態度をあぶり出すのに適している。

顕在的な態度と潜在的な態度では、どちらが「本当の態度」と呼べるのだろうか。グリーンワルドらによれば、「どちらとも言えない」らしい。人種や民族、ジェンダーなどの社会的に望ましい回答が存在する場合には、潜在的な態度が現実の行動と密接に関わってくる一方で、社会的な望ましさとは無関係な対象については、顕在的な態度の方が現実の行動と関連していることが示されている。

顕在的態度と潜在的態度の両方が、我々の心の働きにとって重要だと言える。

（新岡陽光）

II

自分と他者はどう関わるか

16

身体の距離は心の距離を反映する

身体的距離
心理的距離
パーソナル・スペース
親密さ平衡理論

あなたは映画を見に行って、そのオープニングに男女が抱き合っている映像が流れるのを見た。その2人の仲をあなたはどのように推測するだろうか。おそらく、その2人はお互いに好意を抱いている、あるいは、愛し合っていると思うのではないだろうか。ある2人がいかにお互いに好意を抱いているかについて幾万の言葉を費やして説明されるよりも、一瞬であっても2人が抱き合っている姿を見る方が、私たちにはその2人の感情を理解しやすい。当たり前と言えば、当たり前のことなのだが、そこには「心理的距離≒身体的距離」という私たちの信念が存在している。

泡をまとって動き回る：パーソナル・スペース

私たちは、自分の身体の周りに泡のような目に見えない空間をまとって生活している。その泡のような空間はパーソナル・スペースと呼ばれ、私たちは一般にパーソナル・スペースに他人が入り込んでくると不快感を経験しやすい。例えば、あなたが空席の目立つ電車に乗っているとしよう。電車が駅に停車した際、乗り込んできた人があなたのすぐ隣に座った。そのとき、あなたは、おそらくこう思うはずだ。「他に座る席がいっぱいあるのに、なぜ私のすぐ側に…」と。そして、隣に座った人の顔を横目で見て、それが知り合いだったなら、ほっとするだろう。しかし、もし見ず知らずの人だったら…。「なにが目的？」と不快さや気持ち悪さを感じて、おそらくあなたは席を移動しようとするはずである。このような不快さは、私たちがパーソナル・ス

パーソナル・スペース

パーソナル・スペースは、一般に、前方に広く後方に狭い楕円形となっている。パーソナル・スペースの大きさは、一般に、女性よりも男性、子どもよりも大人、攻撃性の低い人よりも攻撃性の高い人の方が大きい。また、状況や関係性によってもその大きさは変化する。

ペースをもつがゆえに喚起される。私たちは、自分が所有する泡のような空間、パーソナル・スペースに赤の他人が入り込んでくることに嫌悪感を覚えやすいのである。

では、パーソナル・スペースに入ってくるのが、親しい相手だったらどうだろうか。先のように、電車で隣に座ってきた人物が知り合いだった場合、おそらく多くの人は安心するだろう。私たちは、親しい相手が自分の泡の中に入ってきてもそれほど不快感を覚えない。さらに、恋人同士であったり、夫婦同士であったり、あるいは、小さい子どもとその母親であったりした場合には、お互いに相手がパーソナル・スペースに入ってくることに心地よささえ覚えることもある。つまり、私たちにとって、心理的距離は身体的距離であり、また、身体的距離は心理的距離なのである。

身体的距離と相手との関係

このように、私たちは、多くの場合、「心理的距離≒身体的距離」であると考えている。そのため、自分のことを判断する場合でも、他人のこと

4つの対人距離

名称	距離	特徴
密接距離	0～45cm	手を握ったり、身体に触れたりできる距離。 恋人や親子など、非常に親しい人との間のみで許される距離。
個体距離	45～120cm	手を伸ばせば相手に接触できる距離。 友人などと個人的な会話をする際に用いられる距離。
社会距離	120～360cm	自分の気持ちや感情を相手から隠すことのできる距離。 ビジネス上の会話を行う際に使用される距離。
公衆距離	360cm以上	相手との活発なやり取りがあまりない距離。 講演や演説などで使われる距離。

対人関係における身体的距離は、相手との関係や状況によって変わる。私たちは、これらをうまく使い分けている。

について推測する場合でも同様に、この信念を用いやすい。自分に関しては、好きな人には身体的に近づきたいと思うだろうし、嫌いな人からは遠ざかりたいと思うだろう。また、自分の近くに座る人は、自分に好意があるのかもしれないと考え、逆に、自分から距離を置こうとする人は、自分のことを好んでいないのではないかと推測するだろう。さらに、他人を観察する場合でも同様に、肩を寄せ合いながら近い距離で歩いている2人はラブラブのカップルだと予想するだろうし、お互いに気を遣いながら、少し離れて歩いている2人は、まだ付き合う前のカップルか、あるいはビジネス上の関係であると考えるはずである。

このように身体的距離は、相手との関係と密接に絡んでいる。文化人類学者のエドワード・ホールは、対人関係での距離を4段階に分類して捉えようとした。それらは密接距離（0～45cm）、個体距離（45～120cm）、社会距離（120～360cm）、公衆距離（360cm以上）であり、私たちは、相手との関係や状況に応じて、それらの距離をうまく使い分けているのである（表）。

親密さを調整する

私たちにとって「心理的距離≒身体的距離」であるということは、身体的距離を調整することで心理的な距離もある程度調整可能であることを意味する。たとえば、ビジネスで接客をする際に、相手に親しみや親密感を抱かせることが有利に働くようなら、一歩前に出る、横に座るというように身体的距離を縮めて話をすることで、相手と自分との心理的距離が近いと思わせることも可能であろう。また、逆に、契約の話など、ある程度格式張った状況が望まれるようなら、机などを挟んで身体的距離を保つことで、相手に対する敬意や相手への尊重を表すこともできる。これは、私たちが身体的距離から心理的距離を推測するがゆえに、相手との身体的距離によって心理的な距離を錯覚してしまうためである。

さらに、私たちは、相手との親密さの調整を身体的距離以外の他のノンバーバル行動（表情や視線、姿勢、声の抑揚といった非言語的な行動）でも行っている。イギリスの心理学者のマイケル・アーガイルらの提唱した親密さ平衡理論によると、私たちは、相手との親密さとその相手との身体的距離が適切ではないと感じる場合には、ノンバーバル行動によって、相手との親密さのレベルを一定に保つように調整を行うとされる。たとえば、それほど親しくない相手と近い位置で話をする際には、なんとなく気恥ずかしくなって、視線が合うのをなるべく避けようとするだろう。また、それまで大きな声で相手と喋っていたとしても、エレベーターに乗った途端に（たとえそこに誰もいなくとも）、その空間的な狭さから、声が多少小さくなったり、声のトーンが下がったり、また、視線が合うのを避けるために横に並んで立ったりした経験がある人もいるはずである。つまり、相手との親密さに見合った身体的距離が維持できない場合、私たちはそれを他の方法（たとえば、ノンバーバル行動による親密さの表出を抑える）によって補おうとする。このように、私たちは、自分の行動と自分が置かれている環境とをうまく調整することで、自分が感じている親密さの程度を相手に伝えているのである。

（金政祐司）

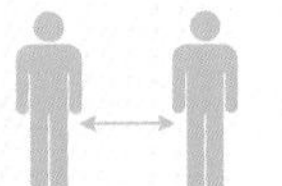

私たちはどうやって親しくなる?

Keywords

SVR理論
単純接触効果
外見的魅力
好意の返報性
報酬の互恵性

他者と親密な関係を築くことは、多くの人にとって心地のよいものである。それは、大昔、か弱き人間の祖先が、自らの置かれた過酷な環境で生き残っていくために、お互いに手を取り合ったことに由来する。私たち人間は、非常に弱き生きものであったがゆえ、他者と親密な関係を形成し、それを維持していくことで自らの存続をはかった。つまり、私たちが他者と親密な関係を築くことは、本能的な行動と言えるのである。

親密になっていくプロセス

人が親密になっていくプロセス

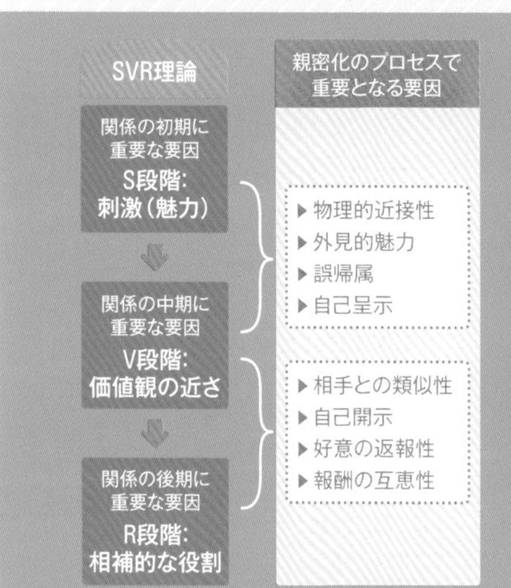

「S段階」から「V段階」にかけて重要となりやすい要因としては、物理的近接性、外見的魅力、誤帰属、自己呈示を挙げることができる。また、「V段階」から「R段階」にかけては、相手との類似性や自己開示、好意の返報性、報酬の互恵性といった要因が重要となりやすい。

私たちはどのように親密になっていき、また、その際、どのような要因が重要となるのであろうか。私たちが親密になっていくプロセスを段階的にとらえた理論としては、SVR理論がある(図)。SVR理論では、親密化のプロセスを3つの段階でとらえており、各段階で相手と親しくなるために重要となる要因が異なるとされる。関係の初期段階は「S段階」と呼ばれ、相手から受ける刺激(Stimulus)が重要となる。つまり、相手の外見や声、また、相手の言動に魅力を感じることができるのかが次の段階に進展するための重要な要因となる。次の関係の中期段階は「V段階」と呼ばれ、この段階では、相手と考え方や態度、趣味等が似ているかどうかという価値観（Value）が重要な要因となる。さらに、関係の後期段階は、お互いに足りないものを補い合えるかどうかといった役割（Role）の分担が重要となってくることから「R段階」と呼ばれる。各段階で重要となってくる刺激（Stimulus）、価値観（Value）、役割（Role）の頭文字を取って、この理論はSVR理論と名づけられている。

このSVR理論における要因以外にも、親密化のプロセスで重要となる要因はいくつか存在する（図）。相手との類似性（➡18）、誤帰属（➡19）、自己呈示や自己開示（➡20）は、他の項に説明を譲るとして、ここではそれら以外の要因について触れてみよう。

近くにいることで親しくなる

私たちは、一般に物理的に近くにいる相手に対して好意を感じやすい。中学校や高校の頃、仲の良かった友達はクラスや部活が一緒だった、あるいは名簿の順番が近かったという人も多いのではないだろうか。このような物理的近接性は、相手と親しくなる際の重要な要因となる。なぜなら、物理的近接性によって、相手と顔を合わせる機会が多くなるためである。私たちは、ある対象（人物や物）に対して単純に接触する（見る、聞く）だけで、その対象に対する好意を高める傾向がある。このような傾向は、単純接触効果と呼ばれる。

アメリカの社会心理学者のロバート・ザイアンスは、単純接触効果に関して、非常に簡潔な方法で実験を行った。その方法とは、参加者にパソコンの画面上で見ず知らずの人たちの写真を見せるというものであった。ただし、参加者が写真を見る回数は写真によって異なっており、1回しか見ないものもあれば、10回や25回と何度も目にする写真もあった。その結果、顔写真を見た回数が多いほど、言い換えれば、顔写真に接触した回数が多いほど、その写真に対する好意度は高くなっていた。

このような現象は、私たちの実生活の場面においても見受けられる。たとえば、私たちが、テレビでよく見かける芸能人やラジオで頻繁に流れる楽曲を好意的に評価しやすいのは、この単純接触効果の影響であると言える。

やはり見た目は大事

外見的魅力は、初期段階においては、関係を進展させるためのかなり重要な要因となる。外見的に魅力的な人ほど、他者からの好意を獲得しやすいというのは、CMやドラマに出ている芸能人を思い浮かべるだけでも容易に理解できるだろう。このような外見的魅力の影響はダンスパーティーを巧みに利用した実験において検討がなされている。

参加者は、パーティー前に回答した自身の性格や属性等に関するアンケートをもとに、コンピュータが選んだという異性とペアを組んでパーティーに参加した（実際にはランダムにペアが組まれていた）。その際、参加者の外見的魅力は、本人たちに気づかれないように実験者たちによって評価されていた。パーティー後、参加者にはペアを組んだ異性のパートナーへの好意度やパートナーと後日デートをしたいか等が尋ねられた。その結果（図）、外見的に魅力的なパートナーほど、相手から好まれやすく、性格や能力といった内面的な要因は、相手から好まれるかどうかにはほとんど関連していなかったのである。

ダンスパートナーと後日デートしたいと回答した人の割合

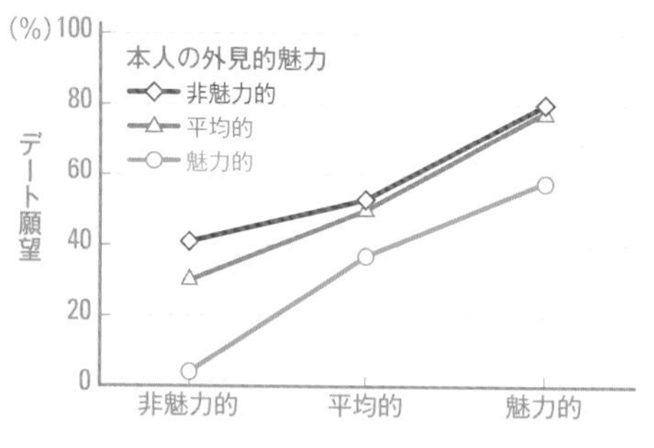

結果は、男性の参加者のもののみを示した。ただし、女性の参加者についてもほぼ同様の結果が得られている。本人の外見的魅力はどうであれ、外見的に魅力的なパートナーほど、相手から後日デートをしたいと思われる割合が高かった。

お返しがお返しを呼ぶ

私たちは、自分に好意を抱いてくれている相手や自分のことを高く評価してくれる相手のことを好きになりやすい。相手からの好意は、私たちにとって心理的な報酬となるため、その相手に対して好意をお返ししやすいのである。このような現象は、好意の返報性と呼ばれる。

好意の返報性は、友人関係やビジネス関係等、人間関係全般に認められるが、とくに、恋愛関係においてはそれが意識されやすい。ある研究では、現在の恋人と「恋に落ちた理由」と特定の友達と「友達になった理由」の両方に関して調査を行った結果、好意の返報性を「友達になった理由」として挙げていた人の割合は46%であったのに対し、「恋に落ちた理由」として挙げていた人の割合は68%とかなり高かった。恋愛関係は2者関係であるため、恋に落ちた理由として好意の返報性が挙がる割合は、理論的には50%を超えるはずがない。そう考えると、恋愛関係を進展させるのは、相手から好かれているという勘違いなのかもしれない。

また、返報性はサポートや自己開示（➡20）においても認められ、さらに、それは循環的な機能をもっている。私たちは、図のように、お互いに相手に対してコストを払って何かをすることで、それが心理的報酬として双方の満足感を高め、次の機会に、またお互いに相手に何かしてあげようというモチベーションへとつながっていく。このような報酬の互恵性のプロセスを通して、私たちは関係を深めていくのである。（金政祐司）

親密な関係における報酬の互恵性

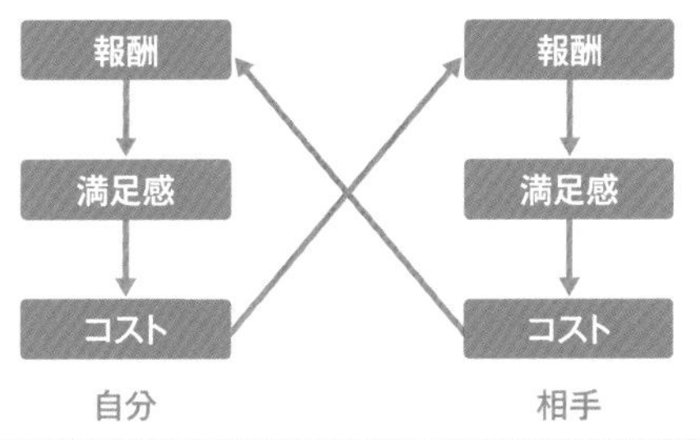

自分がコストを払って相手の報酬となる行動を取ることで、相手の満足感は高まる。相手の満足感が高まれば、次に相手がコストを払って自分に対して報酬を与えてくれるようになるだろう。このような循環を通して、私たちは互いに親密になっていく。

18

自分にないものをもっている人が好き?

類似性-魅力仮説

バランス理論

相補性-魅力仮説

私たちは、自分と似た人に惹かれるのだろうか、それとも、自分とは正反対のまったく似ていない相手に魅力を感じるのだろうか。「私は自分にないものをもっている人にしか魅力を感じない」と言う人もいるだろう。しかし、相手とまったく共通項がなければ、コミュニケーションをとることさえままならない。私たちは、まずお互いの類似性という基盤の上に、相手に対して好意を感じる傾向がある。

似ている相手に好意を抱く

初対面の相手との会話を弾ませるためにはどうすれば良いだろうか。その答えの一つは、相手との共通点、言い換えれば、類似点を見つければ良い。そんな簡単なはずはない、と言う人もいるかもしれない。しかし、おそらく多くの人が、初めて会った相手と同じ高校や同郷だったことで話が盛り上がったという経験があるのではないだろうか。私たちは、一般的に自分と似たところのある相手を好む傾向があり、この現象は、類似性-魅力仮説と呼ばれる。

類似性-魅力仮説については、当時、テキサス大学に所属していたドン・バーンらによる態度や意見の類似性が好意度に及ぼす影響を検討した実験が有名である。実験では、参加者は様々なことがらに関する自分の意見や態度を尋ねられる質問紙に回答した。その後、参加者は、自分と同じように実験に参加している相手(架空の人物で実在しない相手)とこれから会ってもらうことが告げられ、その相手が回答したという質問紙を見せられた。ただし、この相手が回答したという質問紙は偽物で、実際は、参加者の回答をもとに、実験者が態度や意見の類似度を操作して作り上げたものであった。つまり、この実験では、参加者はランダムに、自分の態度や意見と非常に類似した質問紙（高類似）、あるいはまったく類似していない質問紙（低類似）を見せられたのである。その後、参加者は、これから会う（はずの）相手に対する好意度の回答を行った。その結果、自分と相手の態度や意見の類似性が高ければ高いほど、その人物に対する好意度が高まることが示された。つまり、相手と態度や意見が似ているほど、その人に対して魅力を感じやすくなっていたのである。

このような類似性と魅力との関連は、態度や意見についてだけでなく、パーソナリティや身体的魅力、感情状態、学歴においても認められている。たとえば、国立社会保障・人口問題研究所による夫婦間の学歴の組み合わせに関するデータ（表）からは、夫と妻の学歴が同程度であるほど結婚しやすく、逆に、夫と妻の学歴が違えば違うほど結婚する可能性が低くなることが見て取れる。つまり、学歴に関しても、類似性-魅力仮説が成り立っていると言える。

夫婦の学歴の組み合わせ

		夫の学歴				
		中学校	高校	専修学校	短大・高専	大学以上
妻の学歴	中学校	**6.91**	1.22	0.51	0.68	0.19
	高校	1.35	**1.49**	0.92	0.76	0.53
	専修学校	0.99	0.98	**2.05**	0.88	0.77
	短大・高専	0.38	0.71	0.92	**1.71**	1.30
	大学以上	0.11	0.30	0.49	0.71	**1.97**

対象者は、2010年の調査時において結婚していた6705組の夫婦である。表内の数値は、同類婚指数である。同類婚指数とは、属性の組み合わせがランダムに行われると仮定した場合の期待件数に対する実際の組み合わせの件数の比率のことを指す。つまり、数値が1.00以上であれば、実際の値の方が期待される値よりも大きいことを、数値が1.00以下であれば、実際の値の方が期待される値よりも小さいことを意味する。

類似性はなぜ好意を高めるのか

それでは、なぜ私たちは自分と似た相手に魅力を感じるのだろうか。その理由の1つは、自分と似た相手と一緒にいると合意的妥当性が得られるからである。自分と考えや意見が合わない相手と一緒にいる場合、相手から考え方や行動を否定され、嫌な気分になる可能性は高まる。しかし、自分と似たような相手と一緒にいれば、自分の考え方や行動に対して相手は賛同してくれやすく、それゆえ、自分の考え方や行動は妥当なものであると確信しやすくなる。私たちは基本的に自分の考えをある程度正しく、妥当であると思っていたい。似た相手というのは、その欲求を満たしてくれるのである。

もう1つの理由は、自分と似た相手とのやり取りは、似ていない相手とのやり取りよりも認知的なコストが少なくてすむためである。似た相手とのやり取りは、相手の考えや感情、行動等を推測しやすいため、相手が何を考えているのか、今どのような感情状態なのか、次にどんな行動をするかに関してあれこれと悩まなくてもよくなる。それゆえ、似た相手と一緒にいることは、認知的に楽なのである。

また、似ている相手に魅力を感じやすいことは、バランス理論の観点からも説明可能である。アメリカで活躍した心理学者であるフリッツ・ハイダーによって提唱されたバランス理論では、自分（P）と相手（O）、そして、ある対象（X: 物や人）という3者間の関係を扱う（図）。3者間の評価や好意は、それらがポジティブである場合はプラス（+）として、ネガティブである場合はマイナス（−）として表される。このとき、三者間の符号の積がプラスならばバランスの取れている均衡状態であり、マイナスならばバランスの取れていない不均衡状態となる。そして、不均衡状態である場合には、人は不快さを感じやすく、3者間のいずれかの評価や好意を変化させて、バランスの取れた均衡状態を回復させようとする。このバランス理論から考えれば、相手と考えや意見が似ているというのは、図の右側の均衡状態（自分と相手が同じ趣味をもっている、あるいは自分

ハイダーのバランス理論

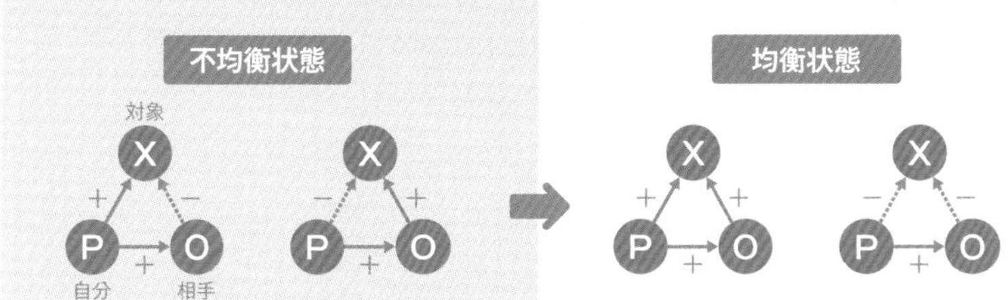

ある対象（X）に対して、自分（P）は好きだが、相手（O）は嫌い、あるいはその逆の場合は、バランスの取れていない不均衡状態となり、いずれかの評価や好意を変化させ、均衡状態を回復させようとする。

自分（P）と相手（O）が同じ趣味（X）をもっている場合、また、自分と相手が同じものや人（X）を嫌いな場合は、バランスの良い均衡状態となる。

と相手とが同じものや人を嫌っている状態）であり、それらの場合、バランスが取れていることから関係はうまくいきやすいのである。

お互いを補い合うことで好意を感じる

自分にはないものをもっている相手、すなわち、自分と似ていない相手に対して魅力を感じることはまったくないのだろうか。自分と似ていない相手に対して魅力を感じることは、相補性-魅力仮説と呼ばれ、いくつかの研究でその検討が行われている。その結果、相補性の魅力は、特定のパーソナリティにおいては認められており、相手を支配したい欲求の高い人と従順で服従的な人との組み合わせ、あるいは、世話焼きな人（養護欲求の強い人）と相手から世話を焼いてもらいたい人（救護欲求の強い人）との組み合わせに関しては、相補性が魅力につながるとされる。

ただし、相補性と魅力との関連は、類似性と魅力との関連ほど強くはなく、類似性の方が他者に魅力を感じる際に重要であると考えられている。また、上記の支配－服従や養護－救護という相補性は、その根底に類似性の魅力が存在していると考えることもできる。つまり、支配したい－支配されたい、あるいは、養護したい－養護されたいというように、支配や養護といった共通の次元において類似していると言えるのである。（金政祐司）

ドキドキ感が恋のときめきに変わる

誤帰属
吊り橋実験
魅力度
倦怠期

「あの人を見るとドキドキして、胸が張り裂けそうになる！」というのは、恋心を表現する際の定番のフレーズであろう。アメリカの人類学者のヘレン・フィッシャーによると、恋をしているときの私たちの脳内では、気分の高揚や興奮、ドキドキ感と関連する脳内物質であるドーパミンやノルアドレナリンが分泌されていると言う。また、幸福感や精神的な安定を司るセロトニンが分泌されにくくなるため、幸福感を感じにくくなる。つまり、恋をしているというのは、ドキドキ感と興奮を経験しながら、相手を渇望している状態だというのである。このようにドキドキ感は恋にとってかなり重要な要素なのだが、ときとして、逆にドキドキ感を経験することで人は恋に落ちることもある。

橋が揺れると心も揺れる?

ドキドキ感を経験することによって恋に落ちるのは、誤帰属という現象によるものである。心理学では、あることがらが起こったことの原因を推測することを帰属と言い、誤帰属とは、あることがらが起こった際に、本来の原因ではない別のものをその原因として誤って推測してしまうことを指す。誤帰属は、日常的にも起こり得る。旅行先で友達とワイワイ騒ぎながら食べたご当地のお菓子がすごくおいしかったので、ネットで取り寄せて家で食べたらそれほどおいしくなかったといったことである。この場合、旅行先で友達とワイワイ騒ぐという楽しさを食べたお菓子のおいしさに誤って帰属しているのである。

誤帰属に関する研究の一つに、心拍数の増加によるドキドキ感がときとして恋のときめきとして勘違いされてしまうことを示した有名な吊り橋実験がある。実験はカナダのバンクーバー近郊で2つの橋の上で行われた。1つは、約70mもの高さに架かるカピラノ橋（吊り橋）、もう1つは高さが約3m程度しかなく、頑丈で手すりのある揺れない木製の橋（固定橋）であった。実験は、2つの橋のどちらかを1人で渡ってきた男性に対して実験協力者である女性（どちらの橋の場合も同じ女性）が声をかけ、実験参加の依頼をするというものであった。その際、フィラー項目（実験の目的を悟られないようにするために用いる項目）とともに、絵を見て物語を作る心理テスト（TAT）が実施された。その後、実験協力者の女性は、「実験結果を知りたければ、ここに電話をください」と男性に電話番号を書いたメモを渡した。この実験では、女性が渡した電話番号を受け取った人数と電話をかけてきた人数、また、心理テスト（TAT）の性的イメージ得点が、橋の種類（吊り橋と固定橋）で異なるのかが検討された。その結果（表）、電話番号を受け取った人数には、吊り橋と固定橋とで違いは見られなかった。しかし、電話をかけてきた人数とTATの性的イメージ得点には、吊り橋と固定橋との間に違いが認められたのである。固定橋では、電話番号を受け取った16名のうち実際に電話をしてきた人の割合は2名（12.5%）だったのに対し、吊り橋では9名（50%）が電話をかけてきていた。また、TATの性的イメージ得点も固定橋よりも吊り橋の場合の方が高かった。これらの結果は、吊り橋を渡っている際の恐怖によるドキドキ感（心拍数の増加）を、声をかけてきた女性への恋のときめきだと勘違いした（誤って帰属した）ためであると考えられている。

吊り橋実験

橋の種類	固定橋条件		吊り橋条件
電話番号を受け取った人数とその割合	16人／22人 （72.7%）		18人／23人 （78.3%）
電話をかけてきた人数とその割合	2人／16人 （12.5%）	<	9人／18人 （50%）
TATの性的イメージ得点	1.41	<	2.47

電話をかけてきた人数とTATの性的イメージ得点には、吊り橋と固定橋との間に差が認められ、両方とも固定橋よりも、吊り橋の方が高い値を示していた。なお、TATの性的イメージ得点とは、参加者の男性が曖昧な絵を見て語った物語にどの程度性的なものが投影されているかを得点化したものである。

ドキドキ感があだになる

先の吊り橋実験と同様の結果は、運動によって心拍数を高められた場合にも生じることが確認されている。ただし、この実験では、残念な結果も同時に示された。それは、激しい運動によって心拍数が高められた場合、魅力的な女性に対する魅力度は高まるものの、あまり魅力的ではない女性に対する魅力度は低くなってしまうというものであった。

実験では、参加者の男性は、120秒走るという激しい運動を行うか（ドキドキ感高群）、15秒しか走らない軽い運動を行うか（ドキドキ感低群）のどちらかにランダムに振り分けられた。激しい運動を行った参加者と軽い運動しか行わなかった参加者の両方ともが、運動後に「この後に会う女性です」と言われ、魅力的な女性、あるいはあまり魅力的ではない女性が映ったビデオを見せられた。その際、女性の魅力度の違いは、同じ女性が着ている服装や化粧を変えることによって操作された（魅力的な女性の場合、綺麗な服を着て、美しく見えるメイクをしていたが、あまり魅力的ではない女性の場合は、ダボダボの服を着て、魅力的には見えないメイクをしていた）。参加者は、ビデオを見た後、その女性の「恋愛対象としての魅力度」を質問紙で回答した。その結果（図）、軽い運動を行った男性よりも激しい運動を行った男性の方が、魅力的な女性に対する魅力度は高くなったものの、魅力的でない女性に対する魅力度は逆に低くなってしまったのである。つまり、相手に対してある程度の関心を持っていない

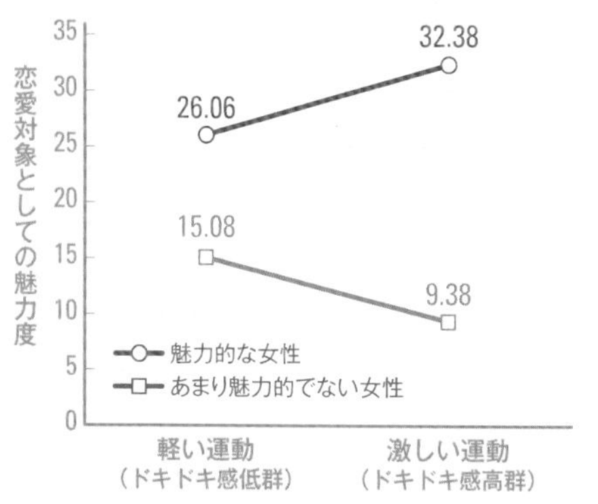

魅力的な女性に対しては、軽い運動を行った後（ドキドキ感が低い場合）よりも激しい運動を行った後（ドキドキ感が高い場合）の方が恋愛対象としての魅力度は高まった。しかし、あまり魅力的ではない女性の場合は、逆に、激しい運動を行った後（ドキドキ感が高い場合）の方が恋愛対象としての魅力度は低くなっていた。

場合には、ドキドキ感は、恋によるときめきだと勘違いされず、むしろネガティブな感情として勘違いされてしまう可能性があるのである。

ドキドキ感で倦怠期を乗り切る

最初はときめきのあった恋愛関係や夫婦関係でも、時間の経過とともに、会話が減っていき、お互いに相手への愛情が薄れてしまう倦怠期が訪れることがある。このような倦怠期を乗り切るための1つの方法として、先の吊り橋実験を行った研究者のうちの1人であるアーサー・アロンは、恋人や配偶者と一緒に「新奇で覚醒的な活動を行なう」ことを提案している。新奇で覚醒的な活動とは、野外活動やスポーツをする、あるいは、これまで行ったことのないところに旅行に出掛ける等のドキドキ感を経験するようなエキサイティングな活動のことを指す。つまり、ドキドキ感を経験することによって、恋のときめきを取り戻そうというのである。

アロンらは、ドキドキ感が関係の質（相手への愛情や関係満足度）に及ぼす影響を検討するために、非常にユニークな実験を行っている。実験は夫婦がペアで参加し、体育マットが敷かれたかなり広い部屋で実施された。参加者の夫婦ペアはランダムに「新奇で覚醒的な活動」もしくは「平凡な活動」のどちらかに割り振られた。「新奇で覚醒的な活動」では、夫婦ペアに与えられた課題は、2人の手首と足首がそれぞれベルトのようなもので結ばれた状態で、互いの顔もしくは体の間に枕を挟んでマットの上を端から端まで制限時間内に移動するというものであった。さらに、途中には障害物もあった。「平凡な活動」の課題では、夫婦ペアは単にボールを転がして相手に受け渡すことを繰り返すだけであった。その結果、「新奇で覚醒的な活動」を行った夫婦は、「平凡な活動」を行った夫婦よりも、実験前と比較して実験後の関係の質（相手への愛情や関係満足度）がより上昇していた。つまり、わずかな時間であっても、2人で一緒に「新奇で覚醒的な活動」を行ってドキドキ感を経験することで、恋のときめきを取り戻すことができたのである。

（金政祐司）

心を開いて自分を伝える

Keywords
自己開示
社会的浸透理論
自己開示の返報性
適応状態
自己呈示

私たちは、他者に自分の思いや考えを伝えようとする。初めて会った人には自分自身のことを知ってもらおうとして、仲の良い友達には自分のことを理解してもらおうとして、さらに、好きな相手には自分の心のうちの感情や想いをわかってもらおうとして、コミュニケーションを取ろうとする。誰に何を伝えようとするのか、あるいは自分のどういった側面を見せるのかは、当然のことながら、その相手との関係によって異なってくる。

言葉で自分のことを伝える：自己開示

自分の考え方や現在の感情状況、自分についての情報や経験等を言葉によって相手に伝えるコミュニケーションのことを自己開示と言う。これまでの研究では、自己開示を多く行う人は、自己開示をあまり行わない人と比べて、一般的に他人から好まれやすい傾向があることが示されている。それゆえ、自己開示は、他者との関係の形成に際して、さらに言えば、相手との関係を維持し、深めていく上においても重要な役割を果たすことになる。

社会的浸透理論

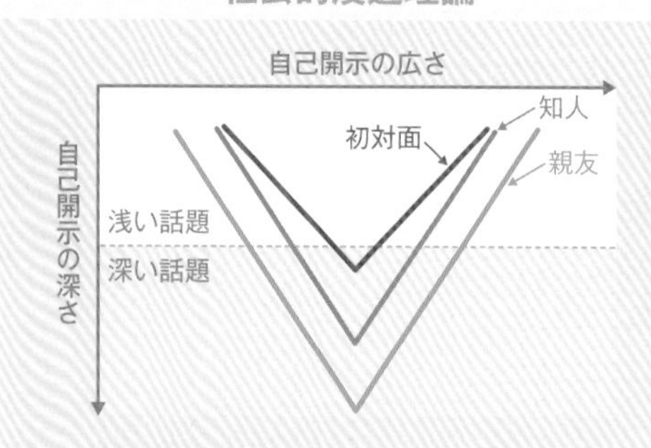

初対面から知人へ、さらに、知人から親友へと関係が深まるにつれて、自己開示の内容は広く、深くなっていく。

社会的浸透理論によれば、どのような内容（自己開示の広さ）を、どの程度（自己開示の深さ）自己開示するかは、関係の進展段階に応じて変わっていくとされ（図）、一般的には、初対面から知人へ、知人から親友へと関係が深まるにつれて、相手に開示される内容は広く、深くなっていく。つまり、初対面の相手には自分の好みや趣味といった狭くて浅いレベルの自己開示が行われやすく、親密な相手との会話では、自分の悩みや欠点、心のうちの想い等が選択的に開示されていくため、自己開示は広く深いものとなる。

自己開示は何をもたらすか

このように相手が誰かによって開示する内容やその程度が異なることは、自己開示が、相手との関係の進展、発展を調整する機能をもつことを意味する。たとえば、私たちは自分が仲良くなりたい相手には自己開示を行いやすく、相手との関係をこれ以上進展させたくないと思う場合には、自己開示を控えようとするだろう。これは自己開示の広さや深さを相手によってコントロールすることで、相手との親密さを調整しようとするためである。それゆえ、相手との関係の進展段階や親密さに見合わない自己開示、たとえば、関係の初期段階における深刻な悩みやプライベートな情報の開示等は、相手からの拒絶を招く恐れがある。

また、自己開示は、相手と単に情報の交換をしているというだけでなく、信頼や親密さのやり取りを行っていると捉えることもできる。つまり、私たちは相手に対して信頼や親密さを感じているからこそ、その相手に対して自己開示を行おうとするのである。そのため、自己開示をされた側は、信頼や親密さを受け取ったと感じるため、そのお返しとして自己開示を行いやすくなる。このような現象は、自己開示の返報性と呼ばれる。言うなれば、自己開示は、自己開示を誘発するのである。

さらに、自己開示は、それを行う者の精神的な健康状態をより良くし、孤独感を低減させる。これが自己開示のもう1つの機能である。おそらく、多くの人が、自分の悩みや不快な出来事を他人に打ち明けることで、気分が晴れた、気が楽になったという経験をしたことがあるだろう。また、日常的なたわいもない事柄であっても、それを話せる相手がいるということは生活に潤いを与えてくれる。このように、自己開示は、他人との関係だけでなく、本人の適応状態にも影響を及ぼすのである。

誰に心を開くのか

他者との関係に思い悩むことの多い青年期において、私たちは、主に誰に対して自己開示を行っているのであろうか。内閣府は、青年期の若者が誰に対して自分の悩みや心配ごとを相談しているのかに関する調査を継続的に実施している。その調査結果（図）からは、主に母親や近所や学校の友達が自己開示の対象として選ばれやすいことがわかるだろう。また、両親に関しては、父親は母親と比較してあまり自己開示されていない。

ただし、年による推移に目を向けると、2003年から2018年にかけて、友達や恋人といった対等な関係（ピア関係）の相手を自己開示の対象として選択する割合が低下してきている。このことは、近年、話題に上ることの多い若者の人間関係の希薄化のあらわれと考えることもできるだろう。

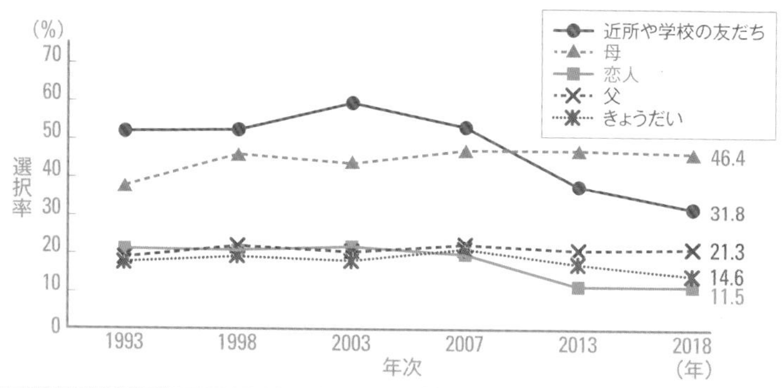

調査対象者は、2008年までは18〜24歳、2013年は13歳〜29歳。対等な関係（ピア関係）の相手への自己開示の割合が少なくなるという傾向が見られる。

自分の印象をコントロールする：自己呈示

心を開いて自分のことを伝えるとは言っても、自分の思いや考えをいつも包み隠さずに他人に伝えていたのでは、対人関係での衝突は避けられない。ときには、いや多くの場合、私たちは、他者から見た自分のイメージや印象を考えながら、自分の言動を調整しようとするはずである。このような自分が他者からどう見られているのかを考えながら、他者に対して与える自分のイメージや印象をコントロールしようとすることを自己呈示という。

表のように、自己呈示には、いくつかの種類があり、相手に対してどのようなイメージや印象を与えたいかによって自己呈示の方法は変わってくる。ただし、自己呈示はいつも成功するわけではなく、それが失敗に終わった場合、自己呈示の方法によって、それに伴う損失もまた異なってくる。

また、アメリカの社会心理学者のバリー・シュレンカーとマーク・リアリーによれば、自己呈示は、対人関係における不安や緊張（対人不安）とも関連するとされる。対人不安は、相手に対して何かしら特別な印象を与えたい（自己呈示をしたい）と思っているにもかかわらず、それがうまくいかないかもしれないと思い込むことで、さらに、自分が相手に与えた印象に関して、その相手から満足するような反応が返ってこないのではないかという疑念を抱くことによって生じるとされている。（金政祐司）

自己呈示の種類

種類	与えたい印象	行動の例	相手に喚起される感情	失敗した場合の評価
取り入り	好感の持てる	親切な行為をする、相手に同調する、お世辞を言う	好意	ごまをすっている こびへつらっている
威嚇	危険な 冷酷な	脅す、怒る	恐怖	うるさい 無能な
自己宣伝	有能な	能力や業績を主張する 能力や業績を説明する	尊敬	うぬぼれている 嘘つきな
示範	立派な 献身的な	他人のために犠牲になる、他者を助ける、大義のために戦う	罪悪感 恥	偽善的な 聖人ぶっている
哀願	頼りない 不幸な	自分を卑下する 援助を懇願する	いつくしみ 義務感	怠惰な 要求の多い

自己呈示には、相手に与えたい印象に応じていくつかの種類がある。

愛には色や形がある?

Keywords
恋愛の色彩理論
愛の三角理論
親密性
情熱
コミットメント

「あなたの愛は何色?」「あなたの愛はどんな形?」と聞かれたら、あなたはどう答えるだろうか。私たちは、恋愛に対して求めるものや恋愛の仕方、また、恋愛に対する態度が個々人で異なっている。ある人は恋愛にドキドキ感や興奮を求め、多くの人と短期的な恋愛を繰り返す。またある人は穏やかな愛を望み、一人の相手と長期的な関係を築き上げる。さらに、愛はその対象によっても異なり、時間とともに変化もする。愛をいくつかの種類に分類することを愛の類型論と呼ぶが、ここではその中から恋愛の色彩理論と愛の三角理論の2つを取り上げてみよう。

恋愛の色彩理論

恋愛の色彩理論は、カナダの心理学者であるジョン・リーによって提唱された理論であり、恋愛に対する態度や恋愛の仕方は、色彩と同じように、いくつかのタイプに分類することが可能であるとするものである。リーは、恋愛の色彩理論の構築にあたり、数多くの歴史書や哲学書、小説などから恋愛に関する記述を収集し、さらに、多数の人たちに対して恋愛に関するインタビューを行った。そして、それらについて丹念な分析を重ねた結果、恋愛に対する態度や恋愛の仕方には、様々なスタイル(様式)があることを見出した。リーは、それらをラブスタイルと呼び、さらに、ラブスタイルを円環に配置して色相環に見立てることで(図)、自身の理論を「恋愛の色彩理論」と名づけた。

ラブスタイルは、色の3原色と同じように、エロス、ストル

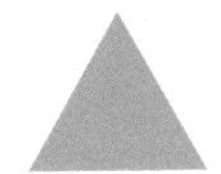

ゲ、ルダスという3つの基本類型（三角形と円との接点）があり、また、それらを混合させた類型として、マニア、アガペー、プラグマの3つが存在する（三角形の各辺の中点）。さらに、色を混ぜ合わせるように、ラブスタイルには様々な混合型が考えられるものの、基本的には、これら6つが主要なラブスタイルであり、それらは表のような特徴をもつとされる。

リーのラブスタイル（恋愛の色彩理論）

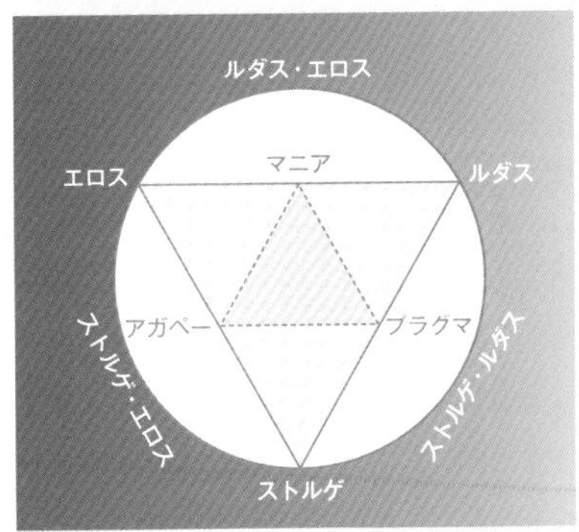

リーはラブスタイルを円環に配置して色相関に見立てて、「恋愛の色彩理論」と名づけた。

6つのラブスタイルの特徴

ラブスタイル	特徴
エロス（美への愛）	恋愛を至上のものと考える。相手の外見を重視し、ロマンチックな行動を取りやすい。一目ぼれをしやすい傾向がある。
ストルゲ（友愛）	長い時間をかけて、穏やかで友情的な愛を育む。あまり感情的にはならず、比較的安定した関係を継続させていく。
ルダス（遊びの愛）	恋愛をゲームとしてとらえ、楽しむことを優先する。特定の相手に執着せず、複数の相手と同時に恋愛することができる。
マニア（狂気の愛）	執着心や独占欲が強く、些細なことから嫉妬や悲哀といった激しい感情が喚起される。関係をなかなか安定させることができない。
アガペー（愛他的な愛）	相手のことを最優先し、相手のために自分を犠牲にすることもいとわない。親切で優しく、またその見返りを相手に求めない。
プラグマ（実利的な愛）	恋愛を自分の地位の向上のための手段と考える。社会的な地位や経済力など、さまざまな基準から恋愛の相手を選定する。

ラブスタイルには様々な混合型が考えられるが、主要なものとして6つのラブスタイルがあるとされている。

ラブスタイルと恋愛関係の特徴

それでは、6つのラブスタイルは恋愛関係の特徴や質とどのように関連しているのであろうか。これまでの研究では、エロス的、マニア的、アガペー的な人は、恋人に対する愛情が強く、反対に、ルダス的な人は、恋人への愛情が弱いことが示されている。ただし、マニア的な人は、同時に恋人から見捨てられるかもしれないという不安感も抱きやすい。また、恋愛関係への満足度という観点から見ると、エロス的あるいはアガペー的な人は、自分の恋愛関係に満足しやすく、逆に、ルダス的な人は、恋愛関係に不満足であることが多い。さらに、エロスやアガペーは、相手への気遣いや相手との親密さといった関係のポジティブな特徴と正の関連を示すが、ルダスはそれらと負の関連が見られる。

それらの研究結果をまとめるならば、6つのラブスタイルの中でも、エロスやアガペーは関係の特徴にポジティブな影響を与えやすく、反対にルダスは恋愛関係にネガティブな影響を及ぼす可能性が高いと言うことができるだろう。ただし、ラブスタイルは、恋愛相手が誰かによっても変わってくる。リー自身も述べているように、色彩と同様、ラブスタイルに善し悪しはなく、それぞれが特徴的な恋愛の色合いなのである。

愛の三角理論

愛の三角理論は、恋愛の色彩理論とは異なり、愛が何からできているのか、言い換えれば、愛を構成する要素とは何なのかに着目した理論である。アメリカ心理学会の会長を務めたこともあるロバート・スタンバーグは、愛という感情が恋愛関係に特有のものではなく、親子関係や友人関係なども含め、広く一般的な対人関係においても経験されるもの

愛の3要素の特徴

愛の3要素	特徴
親密性	愛の中心的な要素。親しさや温かさ、また、相手と繋がっているという感覚として経験される。相手との、あるいは関係への感情的な関わり合いから形成されていく。
情熱	身体的魅力や性的興奮によって引き起こされる要素。ドキドキ感といった覚醒や興奮を伴い、激しい感情として表出されることもある。相手と積極的に関わっていこうとする動機となる。
コミットメント	相手や関係に関わっていこうという決意、あるいは、相手との関係を継続していこうとする意思を含む要素。困難な時期を乗り越え、関係を継続させていくためには欠かせない要素でもある。

スタンバーグは、恋愛に限らない一般的な対人関係における愛は3つの要素から成り立っていると考えた。

であると考えた。そして、人々が愛をどのように考えているのか、言い換えれば、愛という概念は何から構成されているのかについて入念な検討を行った結果、彼は、愛が3つの要素から成り立っているという結論に達した。それら3つの要素とは、親密性、情熱、コミットメントであり、それぞれ表に示したような特徴をもつとされる。

さらに、スタンバーグは、図のように、それら3つの要素を三角形の頂点に配置することで愛を形で表現した。この愛の三角形は、相手との関係性や時間の経過とともに、その大きさや形を変化させ、三角形の大きさは愛の強さとして、三角形の形は愛の種類（あるいはタイプ）として表現されるというのである。

愛の3要素と愛の形

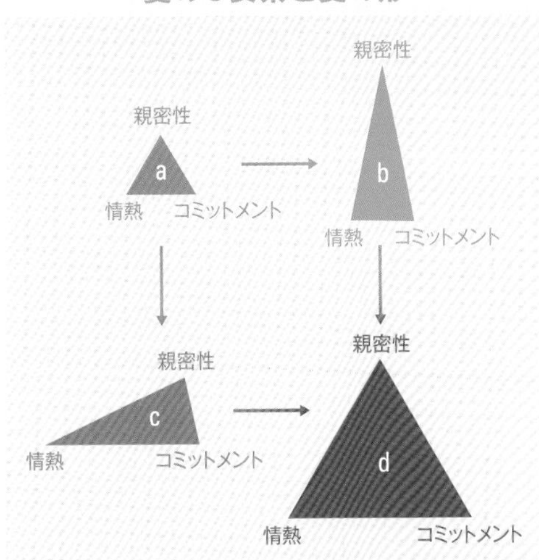

aの三角形は小さく、まだ愛とは呼べないような感情と言える。そこから、親密性が増していけば、bのような友愛的な愛の形になる。あるいは、aから情熱のみが増していけば、片思いのような一方的な熱愛になっていく。さらに、全ての要素が高まることで、dのようなバランスの取れた愛が形成されていく。

愛の3つの要素と恋愛関係の特徴

愛の3要素と恋愛関係の特徴や質との関連については、これまでいくつかの研究で、親密性とコミットメントの2つの要素が、関係のポジティブな特徴と関連することが示されている。例えば、恋愛関係で親密性が高くなるほど、関係内での自己評価がポジティブになりやすく、また、コミットメントが高くなるほど、関係への満足度が高くなりやすい。これらの結果を見ると、恋愛関係をうまく維持させていくためには、ドキドキ感や興奮を伴う激しい情熱よりも、穏やかな要素である親密性やコミットメントが重要であると言えるだろう。（金政祐司）

男と女はそれぞれ恋人や結婚相手を何で選ぶのか

Keywords
進化心理学
遺伝子
配偶者選択
性差

動物の世界では、クジャクやライオン、マンドリルのように、オスとメスで身体の形態が異なる種がいる。それらの種のオスの身体的特徴は、メスを魅了するのに役立つ。つまり、クジャクの派手な羽やライオンのふさふさとした色濃いたてがみ、マンドリルの鮮やかな色の顔といったオスの身体的特徴は、メスから選択されるための重要な要素なのである。それでは、人間の場合はどうなのだろうか。男性と女性とでは、恋人や結婚相手を選ぶ際に、その選択基準は異なるのだろうか。

人の心に愛が宿った理由

恋人や結婚相手の選択基準の男女差について話を進める際に重要となるのが、進化心理学的なアプローチである。それゆえ、まずは、進化心理学的アプローチとは何なのかについて説明をしておこう。

上記のクジャクの羽やライオンのたてがみといったオスの身体的特徴は、進化の過程で獲得されたものであるとされる。大昔のあるとき、何らかの理由（身体的特徴が競争に有利に働く遺伝子の指標となる等）で、クジャクやライオンのメスが、オスの羽やたてがみを手がかりに配偶者の選択をし始めたとする。つまり、他のオスよりも、少し派手な羽、多少ふさふさしたたてがみをもったオスがメスに好まれ始めた。そうすると、それらの身体的特徴をもったオスは生殖の機会が増えることになり、自らの遺伝子を次世代に残せる確率が増大する。当然、生まれてくる子どもは親の遺伝子を受け継いでいることから、オスの場合は、親と同様に、あるいはそれ以上に派手な羽、ふさふさしたたてがみといった身体的特徴をもちやすい。また、生まれてくる子どもがメスの場合も、そのような身体的特徴のオスを好むメスの子どもなので、後々生殖を行う際に、羽の色やたてがみの色や量を基準にしてオスを選びやすくなる。このような傾向が、脈々と何世代も継続することで、現在のクジャクのオスは派手な羽を広げては揺らし、ライオンのオスはたてがみを風になびかせているのである。

進化心理学的なアプローチでは、人間の思考や感情もこのような進化の過程で獲得されたものであると考える。私たち人間が、文化的な生活を営むようになってからたかだか数千年程度の年月しか経っておらず、それ以前の人間の祖先は、過酷な環境の中、数万年もしくは数十万年の間、狩猟生活を営んできた。そのような長い長い年月を通して、過酷な環境下で生き残るために獲得されてきた思考や感情は、現代においてもなお私たちの心を突き動かす。

たとえば、愛という感情が、人の心に宿ったのも進化の賜物であるとされる。大昔、人の赤ん坊が生き延びるためには、男女間に愛という感情が必要不可欠であった。そうであるがゆえに、人は心に愛を宿したというのである。想像してみてほしい。大昔の過酷な環境下において、女性が妊娠し、その後、赤ん坊を抱えて１人で生きていくとしたら、それは非

進化の過程で生まれた「愛」

進化心理学的なアプローチでは、大昔の過酷な環境下において、男女の長期的な結びつきが、子どもの生存確率を高めることから、人の心に愛が宿ったと考えられている。

常にシビアなものとなるだろう。その際、男性がそばにいて、女性や子どもに多少なりともケアを提供することができれば、子どもの生存可能性は飛躍的に高まる。ただし、人間の場合、男女間で生殖行動を行った後、子供が生まれてくるまでには少なくとも10か月程度の月日がかかる。その10か月の間、2人を離ればなれにさせないシステム、さらに言えば、未熟な赤ん坊を育てていくためにお互いを結びつけておくシステム、それが愛だというのである。

配偶者選択の性差

恋人や結婚相手を選ぶ際の男女差については、心理学では配偶者選択という観点から研究がなされている。アメリカの心理学者のデイビッド・バスは、先の進化心理学的なアプローチを踏まえ、配偶者選択の性差を検討するために、アフリカやアジア、オセアニア、南北アメリカ、ヨーロッパの37か国で1万人を越える回答者に対して調査を行った。彼が様々な国で調査を行った理由は、得られた研究結果が文化の影響ではないことを示すためである。その結果、女性は男性よりも相手の経済力を重視して配偶者選択を行う傾向があり、それは37か国中36の国で一貫して認められた。また、男性は女性よりも配偶者選択の際に相手の外見的魅力を重視しやすく、この結果も34の国で共通して認められた。さらに、男性は、女性と比較して自分よりも年下の相手を好みやすく、反対に女性は自分よりも年上の相手を好む傾向があり、これは37か国すべての文化で共通して見られた結果であった。

それでは、進化心理学的なアプローチからは、このような配偶者選択の性差が見られた理由をどのように説明するのであろうか。まず、女性が配偶者選択の際に相手の経済力や年上であることを重視しやすいことについて考えてみよう。大昔、女性が妊娠した場合、自らが活動して食糧を確保することは困難となる。また、母乳を与えられるのは女性だけであることから、女性は赤ん坊の側をなかなか離れることができない(当然ながら、大昔には粉ミルクは市販されていない)。それゆえ、女性は、自分自身と子どもの生存可能性を高めるためには、自分たちに食糧やケアを供給してくれる相手を配偶者として選ぶ必要がある。自分と子どもに対して食糧やケアを与えてくれるだけの余裕のある男性、つまり、現代でいうところの経済力のある男性や年上の男性が配偶者として選ばれやすくなるのである。

では、男性の場合はどうか。男性は、女性のように妊娠で身体的な活動性が落ちることはない。それゆえ、大昔の男性の配偶者選択では、自身の遺伝子が次世代へ伝達される(遺伝子の再生産)可能性を最大化しようとする。男性が自分よりも若い女性を好む傾向があるのは、若い女性の方が、子どもが健康で生まれてくる確率が高く、また、生むことのできる子どもの数も多くなりやすいため、言い換えれば、自身の遺伝子の再生産に有利に働きやすいためであるとされる。また、男性の場合、生殖の過程で活動性が落ちることがなく、自らの力で食糧を獲得できることから、女性と比較して生存のための懸念材料が少ない。それゆえ、配偶者選択の際、遺伝子の優位性(競争に有利に働く遺伝子を有していること)や健康状態の良好さを表す目に見える指標、すなわち、外見的魅力に主に注意が払われやすくなる。つまり、大昔の男性にとって、顔の左右対称性、皮膚や髪のツヤやハリ(免疫力や罹患状況、栄養状態の指標となる)といった外見的魅力が配偶者を選ぶ際の重要な基準になったというのである。

配偶者選択における性差は、遺伝子の再生産に有利に働きやすい。つまり、上記のような基準で配偶者選択をした人間は、子孫を残す可能性が高くなり、しなかった人間は、子孫を残す可能性が低くなるという淘汰が働きやすい。そのため、クジャクやライオンの場合と同様に、結果的に、現代の私たちも大昔の祖先と似たような基準で配偶者選択を行いやすいというのである。ただし、現代では人間は自らの手で環境を変える力を身につけていることから、進化心理学的なアプローチによる人間の思考や感情の説明については、その適用範囲が限定されることに気をつけておく必要があるだろう。

(金政祐司)

23

育ってきた環境が違うから愛のとらえ方が違う

Keywords
親子関係
恋愛・夫婦関係
成人の愛着理論
内的作業モデル
愛着スタイル

あなたは愛に対してどのようなイメージや印象をもっているだろうか。もしくは、愛という言葉を聞くとあなたは何を思い浮かべるだろうか。あたたかさ、やさしさ、信頼、あるいは永遠。それとも、裏切り、不安、心乱されるもの、手に入らないもの……。どうして私たちの愛に対するイメージや印象は各々で異なっているのか。その1つの答えは、これまでの過去の経験や育ってきた環境が違うからである。

親子関係と恋愛・夫婦関係の共通点

乳幼児期の親子関係の特徴が青年期や成人期の恋愛・夫婦関係にまで影響を及ぼすと考えるのが成人の愛着理論である。この成人の愛着理論は、イギリスの精神科医かつ心理学者であるジョン・ボウルビィによって提唱された愛着理論をベースにしている。彼によれば、私たち、人はある特定の他者に対して強い絆を形成する傾向があり、そのような強い絆のことを愛着と呼ぶ。多くの場合、人が最初に愛着を形成するのは、親（もしくは養育者）に対してであり、それゆえ、小さな子どもは、自分の親の後を追いかけたり、姿が見えなくなると不安になって泣き出したりするのである（逆に、大人の方も子どもに対して、愛着を形成するための生得的な機能を備えている（図））。

愛着は、さらに、私たちの人生を通して二者関係の結びつきを司る。情緒的（心理的）な強い絆で結びついた関係は愛着関係と呼ばれ、成人の愛着理論では、愛着関係は、乳幼児期の親子関係から青年・成人期の恋愛・夫婦関係へと次第に移行していくとされる。それら2つの関係は、表のように、①近接性の探索、②分離苦悩、③安全な避難所、④安全基地という4つの機能をもつという点において共通している。つまり、このような共通点をもつがゆえに、成人の愛着理論では、幼い頃の親子関係の特徴が大人になった後の恋愛・夫婦関係に対して、さらには、個人の抱く愛のイメージや印象に対して影響を及ぼすと考えるのである。

赤ちゃん顔と大人顔

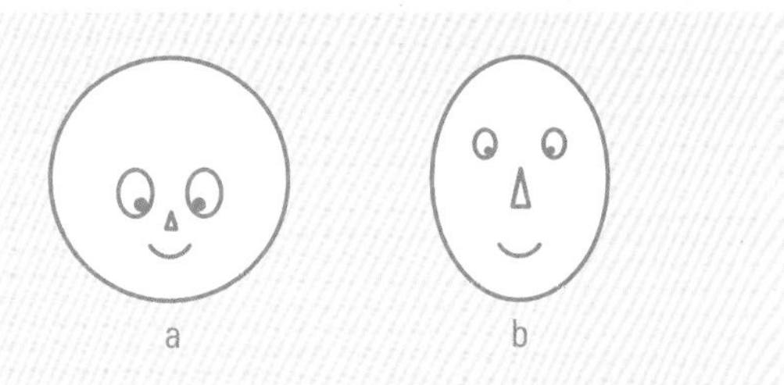

あなたは、どちらの顔をかわいいと思うだろうか。おそらく多くの人はaの顔と答えるのではないだろうか。それはaの顔が赤ちゃん的な要素をもった顔(赤ちゃんらしい顔)だからである。aの顔は、輪郭が丸く、おでこが広く、目も大きく、また、顔のパーツもぎゅっとよせ集まっている。これは赤ちゃんの顔に見られる特徴である。bの顔は、顔が細長く、おでこは狭く、目も顔全体からすれば小さい。これは大人の顔に見られる特徴と言える。私たちは、aの顔のように赤ちゃん的な顔を見ると、本能的にかわいいという感情を抱きやすく、そのような対象を守ってあげたいと思いやすい。このような傾向は、大人の方も子どもに対して愛着を形成するための生得的な機能を備えていることの証拠と言えよう。

親子関係と恋愛・夫婦関係のとらえ方

	愛着関係	
	親子関係	恋愛・夫婦関係
①近接性の探索	親に近づいて身体的なふれあいを求め、それを維持しようとする。	相手を抱きしめたい、ふれたいという欲求をもつ。
②分離苦悩	親と離ればなれになるときに、泣く、叫ぶなどの抵抗を示して不安や苦悩を示す。	相手と長期にわたって会えなくなると不安や苦悩を経験する。
③安全な避難所	身体的、心理的な危険を察知すると親のもとで安心感を得ようとする。	ストレスや苦悩を感じたときには相手に慰めを求めようとする。
④安全基地	親から安心感を提供されることで、親から離れ、探索行動(遊びや好奇心を満たすような行動)を活発に行うようになる。	相手からの信頼や関係から安心感を得ることで、他の行動(仕事や勉強)に集中して取り組むことができる。

親子関係と恋愛・夫婦関係は、ともに情緒的に強く結びついた愛着関係である。なぜなら、愛着関係としての4つの特徴、①近接性の探索(相手との近接性を探し、維持しようとする傾向)、②分離苦悩(相手との分離に抵抗し、苦悩する傾向)、③安全な避難所(危険に直面した場合、相手から安心や安らぎを得ようとする傾向)、④安全基地(相手がいることで安心し、行動が活発になる傾向)が、それら両関係で共通して認められるからである。

心の中の思い込みと愛のとらえ方

乳幼児期の親子関係と青年期や成人期の恋愛・夫婦関係とを結びつける際に、重要となってくるのが内的作業モデルという概念である。内的作業モデルとは、私たちの心の中の自分や他者に対する信念や期待、言い換えれば、自分や他人に対する思い込みのことである。成人の愛着理論では、このような自分や他者に対する信念や期待の原型（鋳型）は、乳幼児期の親との長期的な相互作用（やり取り）を通して形作られるとされる。つまり、乳幼児は、親との長期的なやり取りを通して、「自分は他人から愛される価値があるのか、受容される存在なのか」といった自分への信念や期待を、また、「親や他人は自分のことを受け入れてくれるのか、自分の要求に応えてくれるのか」といった他者への信念や期待を自身の心の中に形成していくのである。そして、この自分や他者に対する信念や期待（内的作業モデル）は、本人の行動や認知、感情を方向付け、また、他人の行動をどう解釈するかにも影響を及ぼすことで、発達段階を通してある程度継続していくとされる。

内的作業モデルの自分への信念や期待は、それがネガティブな場合、対人関係において過度に不安を感じやすくなったり、他人から見捨てられることを心配したり、自分自身に対して自信がもてなくなったりしてしまう。また、他者への信念や期待がネガティブな場合には、他人を信頼することができず、他人に依存することを嫌うため、親密な関係を築くことを回避しようとする。これらのことから、自分への信念や期待は、関係不安（あるいは見捨てられ不安）、他者への信念や期待は、親密性回避と呼ばれている。図のように、この関係不安と親密性回避とを横軸と縦軸に配置することで、人の愛着や愛に対する考え方・行動パターンは、安定型、とらわれ型、回避型、恐れ型の4つに分類することができる。この愛着の個人差のことを愛着スタイルと呼び、人によって愛に対するイメージや印象が違うのは、この愛着スタイルが異なっているからだと言える。

青年・成人期の４つの愛着スタイルと愛のとらえ方

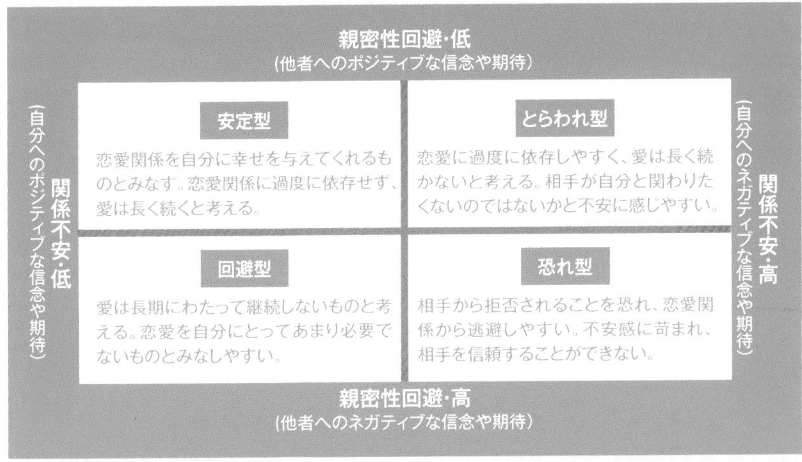

私たちの愛に対するイメージや印象が各々で異なっているのは、対人関係における自分や他者に対する信念や期待（思い込み）が異なっているからである。

自分や他者へのネガティブな思い込みがもたらすもの

恋愛・夫婦関係に関するこれまでの研究では、自分や他者への信念や期待がネガティブであると、つまり、関係不安や親密性回避が高いと、関係内で怒り、悲しみ、不安といったネガティブな感情を経験しやすく、反対に、幸せや愛といったポジティブな感情を経験しにくいこと、さらに、関係への満足度も低くなることが報告されている。加えて、本人の関係不安や親密性回避が高くなると、その人の恋人や配偶者といったパートナーも関係内でポジティブ感情を経験しにくく、ネガティブ感情を経験しやすくなり、また、関係満足度も低くなることが示されている。

関係不安や親密性回避が高い場合、恋人や配偶者の言動や振る舞いをネガティブに歪めて解釈してしまいやすくなる。パートナーの何気ないしぐさやちょっとした言動を自分に対する敵意の表出と捉え、関係がぎくしゃくしたり、パートナーとの衝突が増えたりする。このように自分や他者に対するネガティブな思い込みは、自分に対してだけでなく、恋人や配偶者に対しても悪影響を及ぼしてしまうのである。　（金政祐司）

育ってきた環境が違うから
愛のとらえ方が違う

24

2人きりの世界は恋人たちを幸せにするのか

Keywords
排他性
接近コミットメント
回避コミットメント
安全基地
安全な避難所

つきあい始めたばかりの恋人たちは2人きりの世界を望む。誰にも邪魔されることなく、2人で抱き合える時間が永遠に続けば良いのに、と願うはずである。しかし、2人きりの世界は、恋愛関係をより良きものとするのだろうか。もしかしたら、2人きりの世界は、関係から一歩外へ足を踏み出せば、荒れ果てた不毛の地が広がるような世界となっているのではないだろうか。あるいは、本当に、2人きりの世界は、熟れた果実がたわわに実る金色の楽園なのだろうか。

恋愛関係と夫婦関係を覆うベール

恋愛関係や夫婦関係には、それらの関係を覆い、自分と相手以外の第三者を関係から排除しようとするベールのようなものが存在する。つまり、それらの関係では、2人きりの世界を築き、そこに誰かが入ってくることを拒むという排他性が存在するのである。さらに、恋愛や夫婦関係では、お互いに相手や関係を所有しているという所有意識をもちやすい。私たちが恋人や配偶者を独占しようとし、相手が他の人と関わりをもとうとした際に、ときとして嫉妬や怒りを感じてしまうのも、この排他性と所有意識ゆえである。また、排他性と所有意識によって関係が不透明なベールで覆われると、周囲の人たちからは関係内で何が起きているのかが見えなくなってしまう。そのため、恋愛や夫婦関係での問題は表面化しにくいのである。

2人きりの世界によって得るものと失うもの

恋愛や夫婦関係で2人きりの世界を形作ることで得られるものは、つかの間の安心感である。2人きりの世界を作り上げ、自分の恋人や配偶者を他の人の目に触れさせなければ、パートナーを誰かに奪われるという不安はぬぐい去ることができるだろう。また、実際にパートナーが他の誰かに乗り換える可能性も低くなるかもしれない。そう考えた場合、いっけん2人きりの世界は関係にとって良いことのようにも思える。

では、2人きりの世界によって失うものとは何だろうか。それは、恋人や配偶者以外の他の人たちから得られるはずの心理的、物理的なサポートである。2人きりの世界を望めば、必然的に他の人たちとの関わりは弱まってしまう。たとえば、恋人との関係を優先すれば、それまで頻繁に一緒に遊んでいた友人とも次第に疎遠にならざるを得ない。実際、これまでの研究でも、自分の恋愛関係を特別視している人ほど、恋愛関係を閉鎖的なものにしてしまい、恋人以外の他の人にサポートを求めることをためらってしまうことが示されている。

そうなれば恋人や配偶者と何かしらのトラブルでもめた場合でも、友達や知り合いを頼ることができないため、客観的なアドバイスが得られず、トラブルに適切に対処することができなくなってしまう。さらに、ある研究によれば、自分の夫婦関係を特別視し、関係が閉鎖的になると、配偶者から何か嫌なことをされた場合でも、それに対して反論できなくなり、結果的に、配偶者から間接的暴力（監視や束縛、脅し等の行為）を受ける可能性が高くなることが示されている。つまり、二人きりの世界を望むことによって、友人や知り合いとの関係が切れてしまい、暴力のサイクル（➡28）にはまり込んでしまう可能性が高まるのである。

関係を継続させることだけを目的にすると……

恋愛や夫婦関係を継続させるものは相手への愛情や関係への満足感ば

かりではない。たとえば、相手への愛情も冷め、関係にもそれほど満足しているとは思えないような夫婦が関係を続けるのはどうしてであろうか。それは、コミットメントによるところが大きい。コミットメントとは、相手と関わっていこうという決意、あるいは、相手との関係を継続していこうとする意思のことである（➡21）。つまり、関係に“コミットする”かどうかが関係を継続させていくためには重要となるのである。

ただし、コミットメントには2つの種類がある。その1つは、恋人や配偶者との関わりによって生じるポジティブな経験から関係を継続しようとする接近コミットメントである。言い換えれば、相手と一緒にいたいから関係を継続するというのが接近コミットメントである。もう1つのコミットメントは、回避コミットメントと言い、相手と別れた際の損失を避けるために、あるいは「相手に申し訳ないから」「親にも会わせたし」といったような義務感や責任感ゆえに関係を継続させようとするコミットメントである。これまでの研究では、接近コミットメントから関係を続けている場合、関係への満足感が高まり、また、本人の幸福感も高くなることが示されている。しかし、回避コミットメントから関係を続けている場合は、関係への満足感が低まるばかりか、本人の精神的な健康状態も悪くなってしまうとされる。つまり、別れられないから、あるいは別れたら周りからとがめられるからといった回避コミットメントによって関係を継続させても、結局、自分のためにも、関係のためにもならない。恋愛や夫婦関係を継続させることだけを目的として、2人きりの閉じた世界を作り上げたとしても、そこは必ずしも楽園となるわけではないのである。

2人きりの世界を超えてゆく

それでは、より良い恋愛や夫婦関係を築き、さらに、それらをうまく維持していくためにはどうすればよいのであろうか。その1つの答えが成人の愛着理論（➡23）にある。

成人の愛着理論では、恋愛や夫婦関係は、安全基地と安全な避難所とし

恋愛・夫婦関係が「安全基地」「安全な避難所」になる

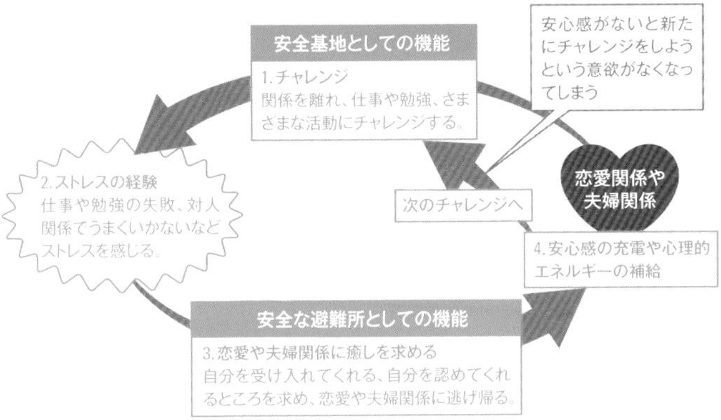

安全基地としての機能
1.チャレンジ
関係を離れ、仕事や勉強、さまざまな活動にチャレンジする。

安心感がないと新たにチャレンジをしようという意欲がなくなってしまう

2.ストレスの経験
仕事や勉強の失敗、対人関係でうまくいかないなどストレスを感じる。

次のチャレンジへ

恋愛関係や夫婦関係

4.安心感の充電や心理的エネルギーの補給

安全な避難所としての機能
3.恋愛や夫婦関係に癒しを求める
自分を受け入れてくれる、自分を認めてくれるところを求め、恋愛や夫婦関係に逃げ帰る。

成人の愛着理論によれば、恋愛・夫婦関係は「安全基地」と「安全な避難所」としての機能をもつ。お互いがお互いにとっての安全基地・安全な避難所として機能する関係を築くことが望ましい。

ての機能をもつとされる。つまり、図のように、恋愛や夫婦関係は、安全基地として、私たちが様々な活動に積極的にチャレンジしていくことを促すとともに、もしチャレンジによってストレスや苦悩を感じた場合でも、安全な避難所として私たちを受け入れ、つらさを緩和してくれるというのである。もちろん、これは関係内の両者に関してあてはまることであり、成人の愛着理論から見た場合、お互いがお互いにとっての安全基地ならびに安全な避難所として機能している関係がより良い関係と言えるのである。

恋愛や夫婦関係を、現実逃避をはかるためだけの場所にしてしまうと、結局お互いに束縛し合って関係は疲弊してしまう。恋愛や夫婦関係は、そこから安心感をもらい、次への活力を得ることで、様々なことがらにチャレンジしていくためのベース（基盤）となるべき場所でもある。そのためにも、恋愛や夫婦関係は、2人きりの閉じた世界ではなく、周りの人たちとつながった見晴らしの良い世界であるべきだろう。もちろん、そのためには、恋愛や夫婦関係でお互いの信頼にもとづいた強い絆、つまり愛着が必要不可欠となる。

（金政祐司）

ネガティブな思い込みが現実化する

自己成就予言
安心探し
関係不安
拒絶感受性

私たちの思いは現実化する。そんなことを言われたら、あなたはどう思うだろうか。「そんなのドラマの中だけの話じゃないの？」、「胡散臭い詐欺のような話だな」と思う人もいるかもしれない。しかし、私たちは、対人関係において、相手から見捨てられるかも、相手から嫌われているかもといった不安を過度に抱くことで、その自らが恐れる不安を現実に引き起こしてしまう可能性がある。

不安が不安を呼ぶ

なぜ、頭の中の不安は現実化するのだろうか。そこには自己成就予言という現象が関わってくる。自己成就予言とは、人が何かしらの予期や思い込みを頭の中に抱いた場合、その予期や思い込みが、当人の行動をそれらに見合うような方向へと導くことで、結果的に、当初の予期や思い込みが現実のものとなる現象のことである（➡10）。

例えば、ここに対人関係で不安を感じやすいAさんがいるとしよう（図）。Aさんは自分に自信がなく、他人のちょっとした言動に不安を感じてしまう。そんなAさんに恋人ができた。しかし、Aさんは恋人から本当に愛されているのか、不安でたまらない。「この人は私のどこを気に入ったんだろう？」「いや、そもそも私のことを本当に好きなんだろうか？」そんな考えがAさんの頭の中に浮かんでくる。そうなると、いてもたってもいられなくなって、恋人が本当に自分のことを好きなのかをどうしても確かめたくなる。「私のこと、好き？」と何度も聞いてみたり、「今すぐ会いにきて」とわがままを言ってみたり……。しかし、そんなことを何度も続けていると、恋人も「またか」とうんざりした顔を見せるようになるだろう。そうすると、Aさんは、さらに不安になって「私のこと嫌いじゃないよね？」と繰り返し確認するようになる。

　このような、恋人や配偶者といった重要な相手に対して、自分のことを大切に思ってくれているかどうかを繰り返し確認する行動は、安心探しと呼ばれる。安心探しは、物事をネガティブにとらえる、不安の高い人が取りやすい行動とされる。しかし、この自分の不安を払拭するために行う安心探しは、それが頻繁に、また、際限なく行われてしまうことで、相手が次第に疲れてしまい、結果的に、相手からの拒絶を引き出してしまうことが多い。つまり、頭の中の不安が、その不安を現実化させるように行動を方向づけることで、当初の不安が現実のものとなるのである。

安心探しが相手からの拒絶を引き出す

安心探しを何度行ったとしても、その不安の根源は自分の頭の中の思い込みにあるのだから、不安をぬぐい去ることはできない。むしろ、安心探しをすればするほど、不安は高まり、際限なく安心探しが繰り返されることで、結果的に、相手からの拒絶を招いてしまう。

過度の不安が関係を崩壊させる

自分に対するネガティブな信念や期待である関係不安（➡2 3）に関

する研究でも、過度の不安が、結果的に自らが怖れる不安を現実化させてしまう可能性があることが示されている。

これまでの海外の研究では、恋愛関係や夫婦関係において、本人の関係不安が高くなると、本人が関係内でネガティブな感情を経験しやすく、ポジティブな感情を経験しづらくなるのみならず、そのパートナー（恋人や配偶者）もネガティブな感情を経験しやすく、ポジティブな感情を経験しづらくなることが報告されている。さらに、日本でも、恋愛関係ならびに夫婦関係を対象にペア調査を行った結果（図）、本人の関係不安の高さは、本人の関係内でのネガティブ感情を増大させ、そのことで本人の関係への評価（関係満足度や関係重要度）が低くなることが示された。加えて、その傾向は本人に関してのみならずパートナー（恋人や配偶者）についても認められた。本人の関係不安が高い場合、パートナーも関係内でネガティブ感情を経験しやすくなり、そのことでパートナーの関係への評価が低くなっていたのである。つまり、恋愛や夫婦関係で、相手から見捨てられるかも、嫌われるかもという不安を過度に抱くことは、結果的に、相手から嫌われてしまう可能性を高めてしまうのである。

実際、過度に不安を感じやすい人は、恋愛関係を安定させることができず、関係を崩壊へと導きやすい。ある研究では、上記の関係不安と類似した性格である拒絶感受性に関して、そのことを示している。拒絶感受性とは、親しい相手が自分の要求を受け入れてくれないのではないか、拒絶

関係不安が恋愛・夫婦関係に及ぼす影響

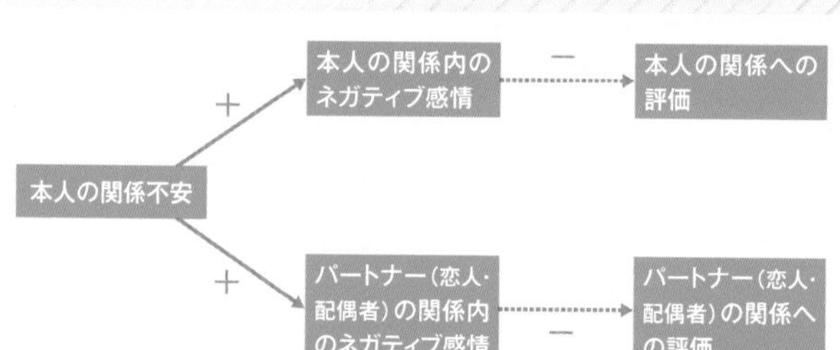

＋が正の影響を、−が負の影響を示す。図は、本人の関係不安が高くなると、本人とそのパートナーの双方が関係内でネガティブ感情を経験しやすくなり、そのことによって本人ならびにパートナーの関係への評価が低くなることを意味している。

するのではないかと不安に感じやすい性格のことを指す。この研究では、まず6か月以上恋愛関係が続いている人たちを対象に、彼/彼女らの拒絶感受性を測定した。そして、その1年後に再度、彼/彼女らにコンタクトを取り、1年前の恋人との関係が継続しているかどうかを尋ねた。その結果、拒絶感受性の高い人は、それが低い人と比べて3倍近くも高い割合で1年前の恋人と別れていることが示されたのである（図）。

拒絶感受性が高い人は恋愛関係が長続きしない

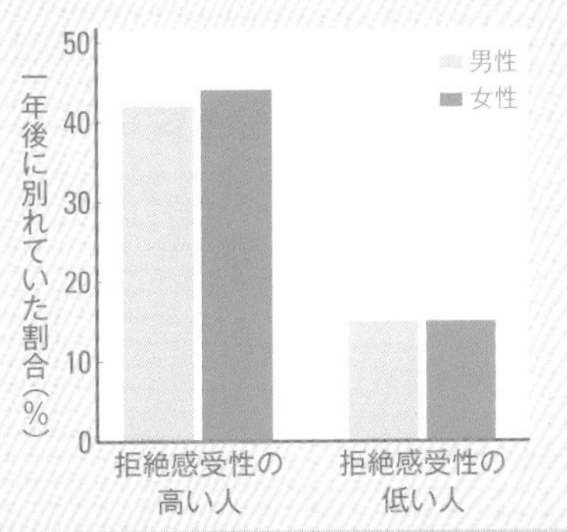

拒絶感受性が低い人は、男女ともに1年前の恋人と別れていた割合は、15%であった。しかし、拒絶感受性の高い人は、男性で42%、女性で44%と、拒絶感受性が低い人と比べて3倍近くも高い割合で1年前の恋人と別れていた。

過度の不安が生み出す負のスパイラル

では、過度に不安を感じやすい人は、どうして自分にとって大切な関係を崩壊へと導いてしまうのだろうか。実は、先に述べた安心探しだけがその原因となるのではない。その最も大きな理由は、不安の高い人が、パートナーのあいまいな言動や何気ないしぐさに対して否定的な意図や敵意を感じてしまうためである。

不安を感じやすい人は、パートナーの言動に過度に注意が向きやすい。しかし、その相手の言動を気にすればするほど、自分の抱えている不安から、相手の些細な言動が自分に対する拒絶や攻撃として感じられてしまう。そして、その不満や怒りを相手にぶつけようとする。そうなれば、当然、相手も怒りを感じ、関係は劣悪な状況に陥る。結果として、お互いが関係に満足しなくなるのである。しかし、それだけでは終わらない。不安を感じやすい人は、相手から拒絶されたという思いからさらに不安を募らせ、相手に対してより攻撃的になったり、安心探しを過剰に行ったりし始める。まさに、不安が不安を呼ぶという負のスパイラルが引き起こされるのである。（金政祐司）

言い争いになったらどうすればいい?

Keywords
対人葛藤
葛藤対処法
セルフコントロール
ストレス・コーピング

どれだけ仲の良い相手であっても、ときに意見が合わず、言い争いになったり、衝突したりすることがあるだろう。とくに恋愛関係や夫婦関係では、言い争いや衝突が過熱すると、言ってはいけない一言を思わず口にしてしまい、関係が修復不可能な状態に陥ることがある。このような言い争いや衝突、もめ事のことを社会心理学では対人葛藤と呼ぶ。対人葛藤は、その始まりがほんの些細な事柄であっても、一触即発の状況になってしまったり、誤解が誤解を生んで、怒りや不満が蓄積されたりと、取り返しのつかないことになってしまう。それでは、このような対人葛藤にはどのように対処すればよいのだろうか。

対人葛藤への対処法

恋愛関係や夫婦関係といった関係は、多くの人にとって重要な関係であるため、それらの関係内でのもめ事は、個人の日常生活や精神的な健康状態に対して大きな影響を及ぼしやすい。つまり、恋愛関係や夫婦関係での対人葛藤にいかに対処するかは、それらの関係をうまく維持していく上でも、また、私たちの心の安寧を保つ上でも重要であると言えるだろう。

アメリカの社会心理学者(後にオランダの大学に異動)のキャリル・ラズバルトは、このような恋愛関係や夫婦関係における対人葛藤への対処法を、建設的か破壊的か、また、積極的か消極的かという2つの軸から、4つに分類している。それら4つの対処法とは、図に示したような、積極的かつ建設的対処である「話し合い行動」、消極的な建設的対処である「忠誠行動」、積極的な破壊

恋愛・夫婦関係における対人葛藤への４つの対処法

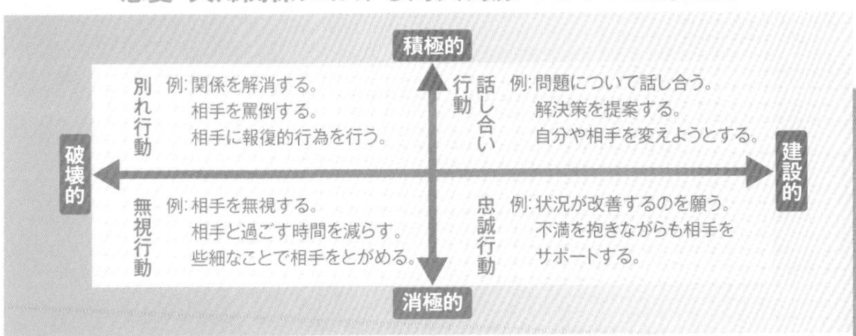

ラズバルトは、恋愛関係や夫婦関係での対人葛藤への対処法を、「建設的か破壊的か」「積極的か消極的か」という２つの軸から４つに分類している。

的対処の「別れ行動」、消極的で破壊的な対処の「無視行動」である。

これまでに行われてきた研究では、自分の恋愛関係や夫婦関係に満足している人、あるいは、自身の恋愛関係や夫婦関係への投資量（これまでに関係に費やした時間やお金、労力等）が多い人は、話し合い行動や忠誠行動といった建設的な対処法を取りやすいことが示されている。また、反対に、自分の恋愛関係や夫婦関係に満足していない人や関係に対する投資量が少ない人は、別れ行動や無視行動といった破壊的な対処法を選択しやすいことも報告されている。

その名の通り、破壊的対処（別れ行動と無視行動）は、関係に対してネガティブな影響を及ぼしやすく、反対に、建設的対処（話し合い行動と忠誠行動）は、葛藤後の相手との関係を良好なものにしやすい。さらに、破壊的対処が関係に対して与えるネガティブな影響は、建設的対処が関係に及ぼすポジティブな影響よりもかなり大きいとされる。

私たちは、一般にポジティブな事柄よりもネガティブな事柄を過大視しやすい（➡02）。このような現象について、ノーベル経済学賞の受賞者であるダニエル・カーネマンは、自身の著書『ファスト＆スロー』の中で、「サクランボが山盛りになった器にゴキブリが一匹いただけで、その山盛りのサクランボはおいしそうに思えなくなる。しかし、ゴキブリがいっぱいのバケツの中にサクランボが一粒あったとしても、やはりそのサクランボはまったくおいしそうには見えない。」とたとえている。つまり、ポジティブな事柄をいくら積み重ねたとしても、ネガティブな事柄という銃弾一発ですべては吹き飛んでしまうのである。恋愛関係や夫婦関係をうまく維持していこうと思えば、ポジティブな対処法である建設的対処をどのように行うかよりも、まずはネガティブな対処法である破壊的対処をいかに取らないようにするかが重要なのである。

セルフコントロールのために必要なこと

それでは、どのようにすれば破壊的対処を取らずに、建設的対処を行うことができるのだろうか。頭ではわかっていても、なかなかうまくいかず、カッとなって思わず相手に暴言を吐いてしまうこともあるかもしれない。そうならないためには、感情的にならず自分をコントロールすること、つまり、セルフコントロールが重要となる。「そんなことわかっているよ、それができない性格だから困っているんだよ」と言う人もいるかもしれない。しかし、セルフコントロールができるかどうかは、性格だけでなく、自分が置かれている状況や環境によっても変わってくる。

ある研究では、実験参加者に恋愛関係での問題とは別の事柄に神経を使わせる（たとえば、衝撃的な映像を見ても感情を一切表情に出さないようにする）と、その後、恋愛関係内で生じた問題に対してうまくセルフコントロールをすることができず、建設的対処を取れなくなることが示されている。つまり、時間に追われていたり、心に余裕がなかったりと、他のことに神経を使わなければいけない状況に置かれると、人はセルフコントロールをすることができなくなってしまうのである。

対人葛藤によるストレスにどう向き合うか

おそらく多くの人にとって恋愛関係や夫婦関係での対人葛藤はストレスフルなものとして経験されるはずである。そのため、ストレスにいかに対処するかということも対人葛藤を乗り切る上で重要なことがらと言える。

問題焦点型コーピングと情動焦点型コーピング

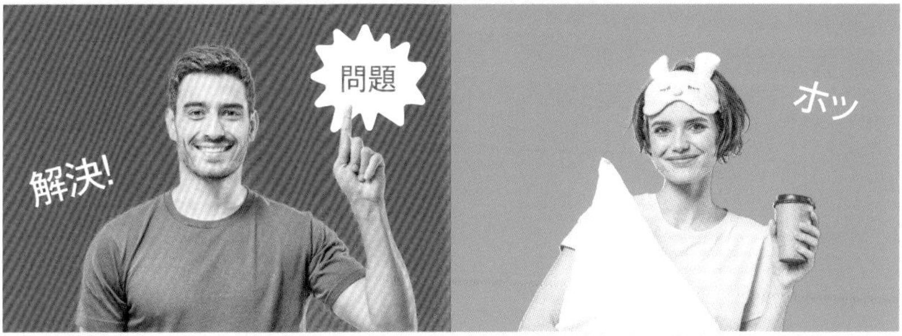

問題焦点型コーピングは葛藤の原因に目を向け取り除く対処法であり、早めに対人葛藤を解決することができる。一方で、心や時間に余裕のないときには問題に直接向き合うのは難しいので、まず情動焦点型コーピングによって気持ちを落ち着かせるのがよいだろう。

ストレスへの対処法（ストレス・コーピング）には、大きく分けて、問題焦点型コーピング、情動焦点型コーピングの2つがある。問題焦点型コーピングとは、ストレスを生み出している問題そのものに目を向け、問題自体を解決することでストレスを低減させようとする対処法である。また、情動焦点型コーピングとは、ストレスを生み出している問題はとりあえず置いておいて、自分の考え方や視点を変えることで、ストレスによる不快な気分や感情を低減させようとする対処法である。

問題焦点型コーピングは、対人葛藤が起こっている原因を取り除く対処法なので、きちんと話し合い行動を取ることができるのであれば、早めに対人葛藤を解消する良いコーピングと言えるだろう。しかし、忙しくて時間的な余裕がないのに、あるいは、相手ともめたことで心の余裕をなくしてしまっているのに、問題焦点型コーピングを行うと、事態を悪化させる可能性がある。なぜなら、心や時間に余裕がない場合に、対人葛藤と向き合って、問題解決を急ぐと、先に述べたように、セルフコントロールを欠いて、破壊的行動を取りやすくなってしまうからである。つまり、自分に余裕がない場合には、問題焦点型コーピングではなく、情動焦点型コーピングによって、気晴らしや気分転換をして心に余裕をもたせてから、対人葛藤という問題に対処するのがよいと言える。　（金政祐司）

「仲間はずれ」は自分と他人を傷つける

Keywords
仲間はずれ
所属欲求
脳内活動
攻撃性
健康行動

大昔の人にとって、周囲の人たちから受け入れられ、集団に所属するか否かは、生死を分かつ大きな問題であった。もし、それを疑うなら、見ず知らずの人たち10人とともに、猛獣がうろつくサバンナに取り残されたことを想像してみればよい。牙や爪などの武器もなく、力も弱く、敏捷性も低い私たちが生き残る方法があるとすれば、互いに協力し合い、交代で見張り番をして睡眠時間を確保しながら救援を待つしかない。仮に「私は1人でも大丈夫」と単独で集団から離れれば、その途端、猛獣の餌食となるだろう。大昔の人間は、そのような過酷な環境に生きていた。それゆえ、私たちは、生得的に仲間はずれにされることに対して敏感で、それを忌み嫌うのである。

心の痛みは身体の痛み？

私たちは、周囲の人たちから受け入れられることを強く望み、仲間はずれにされることをできる限り避けようとする。このような欲求は生得的なもの（生まれながらのもの）であると考えられており、所属欲求と呼ばれる。この所属欲求が進化的に人間の心に備わったものであることを示す1つの証拠がある。

周りから仲間はずれにされたり、あるいは恋人との別れを経験したり、大切な人を失ったりした際に、私たちは「心の痛み」を経験する。実は、この「心の痛み」というのは、単に表現上の比喩ではなく、本当に脳内で「痛み」を感じているのだという。アメリカの心理学者かつ脳神経学者であるナオミ・アイゼンバーガーらは、そのことを脳内の活動状況を視覚化することのできるfMRI（機能的磁気共鳴画像法）を使って明らかにしている。

彼女らの実験では、参加者に仲間はずれを経験してもらうためにサイバーボール課題が用いられた。サイバーボール課題とは、パソコン画面上のアバターを使って、参加者が他の2人の参加者とともにキャッチボールを行うという課題である。ただし、この他の2人の参加者というのは、実際は存在しておらず、プログラムによって制御されている。実験が始まると、しばらくは、画面上で3人でキャッチボールをするのだが、次第に、ボールは参加者に回ってこなくなり、他の2人の参加者のみでキャッチボールをするようになる。言うなれば仲間はずれの状態になっていく。その際、脳内のどの部分が活性化（賦活）したのかがfMRIによって調べられたのである。その結果、脳内の前帯状皮質と右腹外側前頭前野という部分が活性化していることが明らかとなった。これらの脳の部位は、人が身体的な痛みを感じた場合にも活性化することが知られている。つまり、仲間はずれによる社会的な「心の痛み」と身体的な痛みは、脳内で同じような痛みとして経験されている可能性が高いというのである。大昔の人間にとって、仲間はずれは致命的なものであったがゆえに、その名残として、現代の私たちも仲間はずれを身を切られるような痛みとして経験するのであろう。

「仲間はずれ」が敵意と攻撃性を高める

アメリカの社会心理学者のマーク・リアリーは、1995年から2001年の間にアメリカで起こったスクールシューティング（学校等での銃乱射事件）、15件に関して分析を行っている。その結果、15件のうち少なくとも12件で、加害者が事件を起こす以前に、周囲から悪意のあるからかいやいじめを受けたり、あるいは仲間はずれを経験したりしていたことが明らかとなった。つまり、周囲から拒絶されたことや仲間はずれにされたことが凄惨な事件の引き金となっている可能性が高いというのである。

仲間はずれが実際に敵意や攻撃性を高めることを実験的に示した研究

もある。ある研究では、参加者が短い時間会話をしたメンバーから受容される、あるいは拒絶されるという状況を実験的に作り出した。その結果、受容された場合と比較して、拒絶された場合には、自分のことを拒絶したメンバーに対して嫌な騒音をより大きな音量で浴びせようとすることが示された（この場合、嫌な騒音の大きさが攻撃性の1つの指標となっていた）。さらに、同様の手法を用いて、攻撃の対象を自分のことを拒絶したメンバーではない、善意の第三者に変えてみるという実験が行われた。その場合でも、やはり拒絶された場合には、受容された場合と比較して、その第三者に嫌な騒音をより大きな音量で浴びせようとしていた。つまり、仲間はずれを経験した場合、自分のことを仲間はずれにした相手に対してだけでなく、まったく関係のない人たちにまで敵意や攻撃性を高めるのである。

「仲間はずれ」が人を自暴自棄にさせる

仲間はずれにされると、他人に対して攻撃的になるだけではない。仲間はずれは、それを受けた本人にも影響を及ぼす。セルフコントロールを失わせ、自暴自棄にさせてしまうのである。

ある実験では、図に示したような手続きを踏むことで、将来的に孤立する（仲間はずれになる）ことが、参加者の健康行動の選択にどのような影響を及ぼすのかが調べられた。参加者には、実験の最初に答えた性格テストの結果として、ランダムに「将来受容条件」、「将来不運条件」、「将来孤立条件」のフィードバックのいずれかが伝えられた。ここで重要なのは、「将来不運条件」と「将来孤立条件」はどちらも参加者にとってネガティブな将来への予測なのだが、「将来孤立条件」のみ他人からの拒絶、つまり、将来的に仲間はずれになることを参加者に伝えているということである。

参加者は、上記3つのフィードバックのいずれかを受けた後、自分自身の健康に関する3つの選択を行うことを求められた。この実験では、3

将来への予測が健康行動の選択に及ぼす影響

偽の性格テスト

これらは嘘のフィードバックで実際の参加者の性格とは無関係

将来受容条件
あなたは、生涯を通して豊かな人間関係に恵まれる性格です。長く安定した結婚生活を送ることができ、また、友人関係も一生涯続くでしょう。

将来不運条件
あなたは、今後の人生で事故に遭いやすい性格です。これからの人生で腕や脚の骨を何度か折ったり、車の事故で怪我をしたりするでしょう。

将来孤立条件
あなたは、今後の人生を孤独に過ごす性格です。現在の友人も20代半ばで離れていきます。結婚しても、長くは続かず、孤独に過ごすことになります。

3つの健康行動の選択（すべて選択肢bの方が健康に良い）

選択1：無料のプレゼントとして、a）高脂肪のチョコレートのお菓子、b）低脂肪のシリアルのお菓子

選択2：待機時間に、a）娯楽雑誌を読む、b）アンケートに答えて健康改善に役立つアドバイスを受ける

選択3：脈拍を測定する際、a）休憩してから測定する、b）2分間運動してから測定する（こちらの方が健康についてより詳しい情報が得られることは説明されている）

参加者は、選択1〜3に関して、a）かb）のどちらかを選ぶことを求められる。その際、健康に良い、b）を選んだ回数がカウントされる（0回〜3回）。

デブリーフィング
実験目的を明かし、参加者には性格テストのフィードバックは偽物で参加者の本当の性格とはまったく関係がないことが説明される。

参加者は「将来受容条件」「将来不運条件」「将来孤立条件」の3つのフィードバックのいずれかを受けた後、自分自身の健康に関する3つの選択を行った。その結果、「将来孤立条件」のみ他の2つの条件よりも健康的な選択を行う回数が低かった。「将来受容条件」と「将来不運条件」との間には統計的な差はなかった。

つのフィードバック（将来への予測）の違いによって、その後の健康行動の選択が異なるのかが検討された。その結果、「将来孤立条件」のみが、他の条件と比べて健康的な選択を行わないことが示されたのである。同様の結果は、健康に良いとされるまずい飲み物をどの程度飲むかという実験においても再現されている。つまり、人は、将来に不運な出来事が起こると言われても自分を保っていられるが、将来的に周りから拒絶される、すなわち仲間はずれにされると言われると途端に自暴自棄になってしまうのである。

（金政祐司）

恋愛関係や夫婦関係の闇

配偶者からの暴力(DV)

交際相手からの暴力(DaV)

暴力のサイクル理論

学習性無力感

恋愛関係や夫婦関係は、人間関係の中でもとくに親密な関係と言える。それらの関係は、私たちにとって大きなサポート源となり、心の安らぎを保つ上でも重要となることが多い。しかし、親密な関係は、その親密さゆえに、それがポジティブな感情であろうと、ネガティブな感情であろうと、相手に対して直接表出されやすい。また、“愛憎相半ばする”という言葉があるように、恋愛関係や夫婦関係では、自分の気持ちや考えが相手に受け入れられなければ、怒りや嫉妬といった強いネガティブ感情を経験しやすい。恋愛関係や夫婦関係は、光輝く側面とともに、周りの人たちには見えない闇の側面も持ち合わせているのである。

恋愛関係や夫婦関係の中の暴力

配偶者からの暴力(Domestic Violence、以下DV)や交際相手からの暴力(Dating Violence、以下DaV)が、社会的な問題として認識され始めてから比較的長い年月が経つ。しかし、2020年に実施された内閣府の調査によれば、配偶者からの何らかのDV被害経験がある人は、女性で約4人に1人、男性で約5人に1人に上り、また、交際相手からのDaV被害経験がある人は、女性で約6人に1人、男性で約12人に1人と、DVおよびDaVの被害経験率は依然として高い(表)。さらに、警察でのDVの相談件数は年々増加の一途をたどっており、2021年には83,042件にのぼり、この10年間で2.4倍以上に達している。

DVとDaVの被害経験率

	配偶者からの暴力			交際相手からの暴力	
	女性	男性		女性	男性
何度もあった	10.3%	4.0%	あった	16.7%	8.1%
1、2度あった	15.6%	14.4%			
まったくない	72.5%	80.7%	なかった	80.7%	89.5%

配偶者から「身体的暴行」「心理的攻撃」「経済的圧迫」「性的強要」のいずれかを受けたことがあった女性は、「1、2度あった」「何度もあった」両方含めて25.9%、男性は18.4%だった。また、これまでに交際相手から同様の被害を受けたことがあると報告した女性は16.7%、男性は8.1%だった。

どうして暴力のある関係から逃げられないのか

「相手から暴力を振るわれているのであれば、別れればいいだけじゃないか」と思う人もいるかもしれない。しかし、DVやDaVのある関係から逃げられないのは、それらの関係で常に暴力が振るわれているわけではないからである。アメリカの著名なDV研究者のレノア・ウォーカーは、暴力のサイクル理論を提唱し、そのことを指摘した。

暴力のサイクル理論では、DVやDaVが生じるプロセスにおいて、加害者が怒りや不安等の心理的緊張をためる「緊張期」、心理的緊張のたがが外れ相手に暴力を振るう「爆発期」、暴力について謝罪し相手に対して優しく接する「ハネムーン期」という3つの段階が際限なく繰り返されると言う。DVやDaVは、必ずしもいきなり身体的な暴力から始まるというわけではない。その初期段階では、加害者が罵倒する、脅すといった行為で相手の自尊心を傷つけ、さらに、相手を束縛、監視して自由を奪っていくことで、次第に、その暴力性が増し身体的な暴力へと至るのである。また、「ハネムーン期」に加害者が見せる優しい態度から、被害者はつい加害者に同情し、時として暴力を正当化してしまうことさえある。そのため、被害者は暴力のある関係からなかなか抜け出せなくなってしまうのである。加えて、DVやDaVが深刻化すれば、「この関係から逃げだそうとしても無理だ」「逃げだそうとすればまた殴られる」といったあきらめからくる学習性無力感（長期間逃げることのできないストレス状況に置かれると、その状況から逃げようとする努力すら行えなくなってしまうこと）ゆえに暴力のある関係から抜け出そうという気力さえなくしてしまうこともある。

暴力を振るうのはオラオラ系の人だけ？

DVやDaVの加害者というと、もしかしたら、自信満々でいかにも暴力を振るいそうなオラオラ系の人を思い浮かべるかもしれない。しかし、DVやDaVの加害者は必ずしもそのような人ばかりではない。これまでの研究では、自分に自信のない、不安傾向の高い人がDVやDaVの加害者となりやすいことが示されている。たとえば、日本で夫婦ペアを対象に実施された調査では、関係不安の高い人（➡2 3）は、配偶者への間接的暴力（監視や束縛、脅し等の行為）を行いやすいこと、また、それは配偶者から自分が受け入れられていないという受容感のなさによるものであることが示されている（図）。つまり、この人は気が弱そうだから、おどおどして自信がなさそうだから、DVやDaVをしないだろうというのは危険な思い込みなのである。

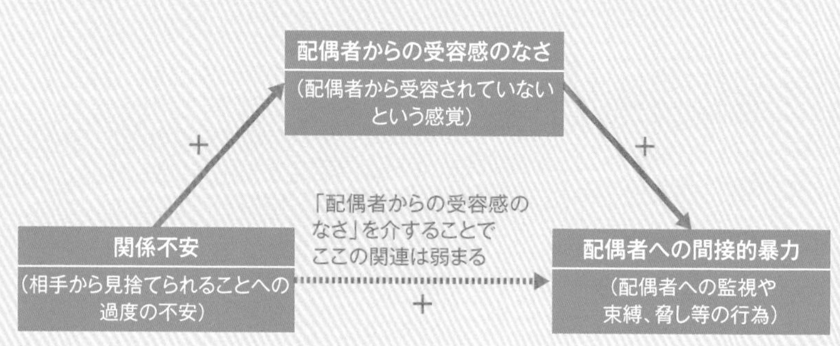

関係不安が、配偶者から受け入れられていない感覚を高め、それによって配偶者への間接的暴力を増大させる。なお、関係不安と配偶者からの受容感のなさについては本人の報告、配偶者への間接的暴力についてはその配偶者からの報告である。

暴力のない関係を築くために

いかにして暴力のない関係を築くのか、という問い掛けへの答えはなかなか難しい。ただし、その1つの方法は、お互いのパワーバランス（力関係の均衡）を崩さないということである。パワーバランスが崩れると、支配する－支配されるという関係ができあがり、DVやDaVが起こりやすくなってしまう。とくに関係の初期段階においては、愛という言葉を盾に取って、「携帯電話の暗証番号を教えろ」「友達よりも私との関係を優先しろ」といった要求を突きつけてこられるかもしれない。しかし、そのような要求を無条件で呑むことは、パワーバランスを崩すことになりかねない。つまり、関係の初期段階において、相手から理不尽なことを言われたり、されたりした場合には、きちんとそのことに対して異を唱えることが重要なのである。実際、これまでの研究でも、相手から何か嫌なことをされた場合にはきっちりとそのことに異を唱えることが、その後の相手からの間接的暴力を抑制することが示されている。

もう1つの方法は、2人きりの世界を築かないことである。2人きりの世界を築くために、友達や知り合いとの関係を断ち切ってしまうと、本来得られるはずの友達や知り合いからのサポートが得られなくなってしまう（➡2 4）。とくに、関係内で起こった問題を友達や知り合いからのサポートなしに、相手との話し合いだけで解決するのは相当に難しい。そうなると自分も相手もストレスが溜まりやすくなり、また、いざというときの逃げ道も閉ざされてしまう。

ただし、すでに暴力のサイクルに入ってしまっている場合、つまり、相手から暴力を振るわれている場合には、上記の方法はあまり有効ではない。すでにパワーバランスが崩れてしまっているので、自分だけで、あるいは当事者だけで解決しようとすれば、さらに暴力がエスカレートしてしまうことになりかねない。そのような状況では、信頼できる第三者を巻き込みながら、警察の相談窓口や配偶者暴力相談支援センターといった公的機関を利用することで解決を図るのが良いだろう。（金政祐司）

困っている人を助けたい。だけど……

Keywords
援助行動
傍観者効果
責任の拡散
多元的無知

人を助けることは、洋の東西を問わず社会の中で共有されている価値観である。それは、困っている人のためであることはもちろんのこと、「情けは人のためならず」と伝えられているように、やがてよい報いとなって自分に返ってくるからである。しかし、現実には援助行動がなされないことも多い。それはなぜであろうか。

人を助けるということ

社会は人と人との助け合いで成り立っている。親から子どもへの養育行動をはじめ、友人関係や職場関係でも協力や支援などがなされている。また、そうした身近な人間関係以外にも、募金活動やボランティア、献血、臓器提供、災害時の救助など、困っている人がいれば、たとえ見知らぬ人であっても、援助の手を差し伸べる様子を目にする。こうした他者の利益になる愛他的な行動全体を総称して「援助行動」と呼ぶ。

しかし、ときに困っている人が目の前にいるにも関わらず、誰もその人を助けずに深刻な結果を招いてしまうことがある。学校での「いじめ」の問題は、クラスメートの誰もが「なんとかしないと」と感じてはいるものの、援助に至らないことが多い。

援助行動の研究に最も影響を与えた出来事は「キティ・ジェノベーゼ事件」である。この事件は、1964年3月のある深夜に起きた。キティ・ジェノベーゼという若い女性は、仕事を終えたあと、駐車場に車を停め、アパートに帰宅するさなかに暴漢に襲われた。彼女は、大声で周りの人に助けを求めた。犯人は、キティの叫び声に驚き、またアパートの多くの部屋で明かりがついたために、いったんは逃げ出したものの、誰も助けに来なかったことから、再びキティに襲いかかった。

後の調査で、キティの叫び声に気づいて明かりをつけた目撃者は38人もいたという。しかし、彼女が襲われた30分もの間、誰も助けに行くことも、警察に通報することもしなかった。その後ようやく最初の通報があり、パトカーが到着したものの、彼女は既に息絶えていた。

周りに他者がいるとかえって援助行動は抑制される

キティの事件は、アメリカでも大きな社会問題となった。目撃者が38人もいたにも関わらず、誰一人として彼女を助けなかったことを、世論は大きく非難した。しかし、アメリカの社会心理学者のビブ・ラタネとジョン・ダーリーは、世論とは反対に、38人もいたからこそ援助行動は抑制されたのではないかと考え、援助行動研究に着手した。そして、ラタネとダーリーは、周囲に人が多いほど、かえって援助行動が抑制されることを「傍観者効果」と呼び、次のような実験で検証している。

実験には、ニューヨーク大学に所属する52名の大学生が参加した。参加者は、2名もしくは3名、6名いずれかのグループに割り当てられた。そして参加者は、一人一人個室に案内されてインターホンを使って（つまり相手が見えない状態で）、互いに意見を表明して討論することが求められた。実験では、参加者の1人（実はサクラ）に異変が起こり、インター

多くの人がいれば援助行動をとる人が現れやすいようにも思えるが、実際には周囲に多くの人がいるとかえって援助行動が抑制されるため、誰も援助行動をとらないことになりやすい。

ラタネとダーリーによる傍観者効果の実験

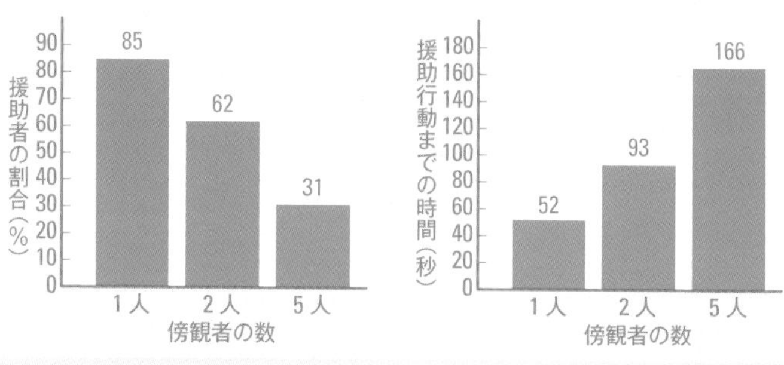

傍観者の数が多いほど、援助する人の数は減り、援助行動が生じるまでの時間が長くなる。

ホン越しに苦しそうな声が聞こえてきたときに、本当の実験参加者が助けに行くかどうかを測定した。

実験の結果、発作中に助けに向かった参加者は、2人（サクラと被験者のみ）の条件では85%、3人（サクラと被験者2人）条件では62%、そして6人（サクラと被験者5人）条件ではわずか31%と、集団の人数が増えるほど援助行動の割合が減少することが明らかになった。

この結果から、自分以外に他者が存在することによって援助行動が抑制される「傍観者効果」を実証したのである。では、なぜ傍観者効果が起こるのであろうか。ラタネとダーリーによれば、傍観者効果が生じる心理的背景には、「責任の拡散」（➡47）が関わっている。すなわち、自分1人しかいないと他者を助ける責任は100%自分が負うことになるが、自分以外に他者がいれば援助すべき責任は半分に分散される。そして、周りに人が多ければ多いほど、責任が拡散され、自分が助けなくても、他の人が助けてくれるのではないか、という心理が生まれて援助行動は抑制される。

援助行動が生まれるメカニズム

では、他者が危険や困難な事態に直面しているとき、その人を援助するためにはどのような心理メカニズムを経る必要があるのだろうか。ラタネとダーリーは、援助行動が生まれるための5段階を示している。

第1は「緊急事態への注意」である。まず援助行動が生まれるためには、援助を必要とするだけの事態であると注意を向けなければ緊急性を認知することはできない。とくに、大勢の人が行き交う状況は、たとえ誰かが助けを必要としていても、誰もそれに気づかないことも多い。

第2の段階は、「緊急事態発生という判断」である。ある緊急性があると感じた出来事に注意を向けたとしても、はたしてそれは本当に援助すべき事態かどうか判断しかねる場合も多い。例えば、夜中に街中で男同士が言い争っていたとしても、それは一緒にお酒を飲んでいた友人同士が酔っ払ってじゃれ合っている可能性もあるだろう。

また、街中で人がうずくまっていたとしても、誰もその人を助けるようなそぶりを示さなければ、とくに援助する必要はないと誤って認識してしまいやすい。そして周りの人々も、本当は気になっているものの、誰も助けようとしないため問題ないだろうと誤って判断すると、援助すべき緊急性の高い事態であるにも関わらず、誰も援助しないという状況が生まれてしまう。こうした現象は、「多元的無知」や「集合的無知」と呼ばれ、傍観者効果を説明する概念の一つである（➡42）。

第3の段階は、「援助行動の責任の自覚」である。緊急事態に直面したときに、自分に助ける責任があると認識すれば、援助行動は生まれる。しかし、先述のように、自分以外に他者が多数いればいるほど、責任性が分散されてしまい、自分が助けなくても、誰か他の人が助けるだろう、という心理が生まれてしまう。

第4は、「援助行動の具体的方法の判断」である。援助すべき場面に直面したときに、助ける方法を持ち合わせていれば援助行動が生まれる可能性が高まる。しかし、たとえ困っている人がいたとしても、その人を助けるための知識を持ち合わせていなければ、援助したくても難しい。

第5は、「最終的な援助行動の決断」である。援助をしようとしたとしても、なんらかのコストや不利益を被る可能性がある。こうしたことも勘案して、最終的に援助行動を決断することになる。　（池田　浩）

30

追い求めるべきは「私」の利益か、「私たち」の利益か

Keywords
ゼロサムゲーム
非ゼロサムゲーム
囚人のジレンマ
社会的ジレンマ
フリーライダー

私たちは、相手と互いに手を取り合った方が良いとわかっている場合でも、ときに、相手といがみ合ってしまうことがある。また、みんなで協力し合った方がお互いのためなのに、なかなかうまくいかず、足を引っ張り合ってしまうこともあるだろう。なぜ、協力的な行動を取った方がお互いにとって良い選択であるにもかかわらず、私たちは、非協力的な行動を取ってしまうのだろうか。また、個人と集団の利益が対立した場合に、私たちはどのように行動すべきなのだろうか。

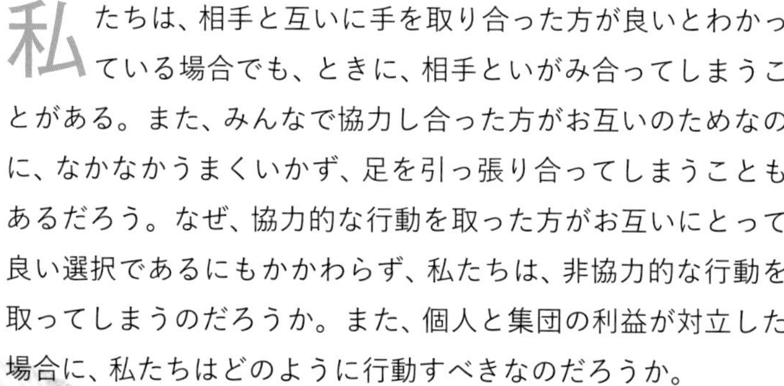

資源を奪い合うゲームと奪い合わないゲーム

私たちが、お互いに協力し合えないのは、それがゼロサムゲームである場合が多い。ゼロサムゲームとは、誰かが儲かれば、その分他の誰かが損をするというように、お互いが限られた資源やパイを奪い合う状況のことを指す。たとえば、1つのアップルパイを、兄妹で分け合うという場面を考えてみよう。この場合、アップルパイは1つしかないので、資源あるいは"パイ"は限られている。つまり、どちらか一方の取り分が多くなった場合、必然的に、もう片方の取り分は少なくなる。兄妹が、互いに相手よりも自分の取り分をできるだけ多くしようと考えれば、必然的に協力し合うことはできない。どちらかが譲らなければ、あるいは半分のアップルパイで満足できなければ、兄妹間で争いが起こってしまうだろう。

では、私たちは、常に限られた資源をお互いで奪い合うゼロサ

ムゲームを行っているのかというとそうでもない。誰か1人が得をしても、他の誰かの損失にはならないような状況もある。そのような状況は、非ゼロサムゲームと呼ばれる。例えば、恋人同士のようにお互いの行動によってともに満足感を得られたり（いわゆるwin-winの関係）、また、異業種の会社が提携することで、新しい価値を生み出したりする状況は、非ゼロサムゲームと言える。さらに、世界経済全体も非ゼロサムゲームと捉えることができる。世界的なベストセラー『サピエンス全史』の著者である歴史学者のユヴァル・ノア・ハラリによれば、西暦1500年の時点での世界の総資産額（財とサービスの合計）は約2500億ドル（約27兆円）であったものが、現在では約60兆ドル（約6600兆円）にまでのぼっているという。すなわち、この500年間で、世界経済はパイを焼き続けたのである。

囚人のジレンマ

では、非ゼロサムゲームのように、お互いが協力し合うことでwin-winの関係を築けるならば、私たちは協力し合えるのだろうか。実は、必ずしもそうではない。そのことを示す例に囚人のジレンマ（➡43）がある。囚人のジレンマは、元々は2人の共犯者をモチーフとしたジレンマ状況の設定なのだが、ここでは、わかりやすくするために、協力・裏切りゲームという架空のゲームを用いて説明してみることにしよう（表）。

協力・裏切りゲームの利得構造

		相手		
		協力	裏切り	期待値
自分	協力	6万円 6万円	10万円 0円	(6+0) /2=3万円
	裏切り	0円 10万円	2万円 2万円	(10+2) /2=6万円

斜線の左下が自分の取り分、右上が相手の取り分を示す。

協力・裏切りゲームでは、あなたと対戦相手は、協力と裏切りと書かれた2枚のカードを持っている。対戦の際には、2枚のカードからどちらか1枚を選んで、2人で一斉にカードを出す。もし2人とも協力カードを出せば、図のように、あなたと対戦相手の両方が、ゲームの主催者から6万円をもらうことができる。しかし、あなたが協力カードを出したにも関わらず、相手が裏切りカードを出していた場合、あなたは何ももらえず、相手だけが10万円をもらえる。逆に、相手が協力カードを出し、あなたは裏切りカードを出していた場合、あなたは10万円をもらえるが、相手は何ももらえない。そして、もしお互いが2人とも裏切りカードを出せば、両方のもらえる金額は2万円になってしまう。

もし、このような協力・裏切りゲームのやり取りを10回繰り返す（繰り返しの囚人のジレンマ）としたら、あなたは、協力と裏切りのどちらのカードを出すだろうか。お互いに協力カードを出し続ければ、あなたと相手はともに60万円を手にすることができる。しかし、互いが裏切りカードを出し続ければ、両者ともに20万円しか手に入らない。

実はこのゲームには巧妙な罠が隠されている。それは協力と裏切りのカードを出した際の双方の期待値を計算してみればわかるだろう。相手がどちらのカードを出してくるかわからなければ（つまり、相手が協力と裏切りを出してくる確率が、1/2ずつならば）、自分が協力カードを出した際の期待値は、（0円+6万円）/2で3万円となる。では、裏切りカードを出した際の期待値はというと、（10万円+2万円）/2で6万円なのである。つまり、相手がどちらのカードを出してくるかわからない状況では、あなたは、協力カードを出すよりも、裏切りカードを出す方が期待値としては2倍も得ということになる。そして、その期待値を踏まえて、あなたと相手の両方が裏切りカードを出し続ければ……。そう、お互いが損をし続けるのである。つまり、私たちは協力することで、両者にとって得になるような状況であるにも関わらず、互いに相手の裏切りを怖れてしまうために協力し合えないのである。

フリーライダーにならないように：社会的ジレンマ

先のようなジレンマ状態は、2者関係だけに留まらない。ジレンマは、「1対1」のみならず、「1対 集団」や「集団 対 集団」においても起こり得る。そのようなジレンマ状況は、社会的ジレンマと呼ばれるが（➡4 3）、ここでは、その例として駐車違反をとりあげてみよう（表）。

ある人が「私一人ぐらい、路駐してもたいした問題にならないだろう」と、駐車禁止のところに駐車をした。このように「自分だけなら大丈夫」と抜け駆けをする人のことは、フリーライダーと呼ばれる。しかし、1台駐車した車があれば、他の人も「あの車も止めてるんだから……」と思い始め、多くの人がフリーライダー化してしまうかもしれない。そうなれば、あっという間に、辺りは路駐の車で埋め尽くされ、渋滞や事故を引き起こすことになるだろう。つまり、誰もが得をしない状況が生まれてしまう。

では、そうならないためにはどうすればよいのだろうか。その1つの方法としては、誰かが裏切った（非協力的行動をした）場合に、裏切り者を罰するために世間に晒すということが考えられる。そうすれば、裏切ることのコストが高くなり、裏切り者は減るだろう。しかし、考えてみてほしい。あなたは、そんな個人の一挙手一投足が監視される社会に住みたいだろうか。そのような監視社会を作らないためには、私たち各々がフリーライダーにならないように気をつけることが重要なのである。（金政祐司）

駐車違反をめぐる社会的ジレンマ

		他の人々の選択	
		路駐しない（協力行動）	路駐する（非協力行動）
個人の選択	路駐しない（協力行動）	渋滞や事故は発生しにくい	渋滞や事故が発生しやすくなる ⬇
	路駐する（非協力行動）	個人のみ得をする（フリーライド状態） ➡	渋滞や事故が発生しやすくなる

図中の矢印は、個人の非協力的な選択が、他の人々の選択を非協力的なものにし、また、他の人々の非協力的な選択が、個人の選択を非協力的なものにすることを意味している。

SNS上のコミュニケーション

Keywords
言語
コミュニケーション
非言語
コミュニケーション
群集心理

情報産業の発達に伴い、今日の社会では、スマートフォンの使用が一般的になりつつある。実際、総務省の2020年度の調査によるとスマートフォンの利用率は全世代で92.7%であり、20代で99.1%、30代で97.2%、40代で98.8%である。このようなスマートフォン技術の大きな発展に伴って、TwitterやFacebook、LINEなどのソーシャル・ネットワーク・サービス（Social Network Service: SNS）が多くの人にとって身近なものとなった。SNSの発展は人々の生活に変化をもたらしただけではなく、対人間のコミュニケーションのありかたにも大きな影響をもたらした。ここでは、SNS上のコミュニケーションの特徴について取り上げたい。

人間の基本的な社会活動としてのコミュニケーション

そもそも私たちは、なぜコミュニケーションを行うのだろうか。まず第1に自己や他者、世界についての知識や情報の獲得が挙げられる。他者とのコミュニケーションを通じて、私たちは、自分が何者であるか、相手は何者であるか、そして、ある対象が何であるかを知ることができる。第2に知識や情報の伝達である。コミュニケーションを通じて、私たちは社会の中で獲得した知識や情報を伝え、共有していくことができる。第3に、対人関係を形成し、発展させ、維持することである。コミュニケーションを行うことによって、他者と関わり、共同して生活を営み、その関係性を維持していくことが、自分自身の周りの社会の形成において、非常に重要になると言える。このように、

言語コミュニケーションと非言語コミュニケーション

私たちの基本的な社会活動であるコミュニケーションには、言語コミュニケーションと非言語コミュニケーション（視線・ジェスチャー・顔の表情・空間的距離など）がある。

コミュニケーションは、私たちの基本的な社会活動であり、コミュニケーションなしには、社会生活を営むことはできない。

対人のコミュニケーションには、言語コミュニケーションと非言語コミュニケーションがある。言語コミュニケーションは、大脳皮質の発達したヒトならではのコミュニケーションのありかたである。言語コミュニケーションによって、我々は情報を言葉にして、知識として獲得したり、他者に伝えたりすることができる。一方、非言語コミュニケーションは、言語以外を用いたコミュニケーションを指す。非言語コミュニケーションには、視線やジェスチャー、顔の表情に加えて、話すときの距離、服装や化粧なども含まれる。私たちは、非常に多くの非言語コミュニケーションを用いながら、言語コミュニケーションを行っている。例えば、「君ってすごいね。」という言語コミュニケーションだけでは、メッセージの送り手が受け手に対して称賛しているのか、皮肉を言っているのかはわからない。しかし、非言語コミュニケーションによって、受け手は送り手の真意に気づくことが可能になるのである。このように、言語コミュニケーションと非言語コミュニケーションの両方をうまく用いることによって、対人間での意思伝達が実現されている。

SNS上のコミュニケーションの特徴

電子メールをはじめとしたインターネットを用いたコミュニケーショ

ンは、スマートフォンの登場以前から行われていた。インターネットを用いたコミュニケーションにおいて、非言語コミュニケーションが用いられることはほとんどない。そのため、受け手は送り手の意図を言語情報のみから判断しなくてはならず、対面でのコミュニケーションに比べて、送り手の意図が受け手に伝わりにくい。

インターネットを用いたコミュニケーションのこのような特徴は、SNS上におけるコミュニケーションにおいても当てはまるだろう。それでは、従来のインターネットを用いたコミュニケーションと区別されるSNS上のコミュニケーションの特徴とは何だろうか。電子メールを用いたコミュニケーションと比較して、SNS上におけるコミュニケーションは時間や場所を気にせずに情報を容易に発信することができる。また、多くの人と同時にやり取りを行うことができる。このように、従来の電子メールを用いたコミュニケーションと比較して、より気軽に、時間をかけずに多くの人と同時にコミュニケーションを行うことができることがSNSの最も大きな特徴であると言える。

SNS上で生じる心理過程

SNS上のコミュニケーションは、迅速に、かつ、多くの人を相手に情報を発信したり、受信したりできることから、今日では私たちの日常生活において、欠かせないものとなってきている。しかし、同時に多くの危険性も秘めている。すなわち、個人情報をむやみに発信してしまったり、社会的に不適切な発言をしてしまったり、ときには、社会規範に反するような行動についての写真を自ら投稿してしまう事例も生じている。

このような事態が生じる背後には、どのような心理過程があるのだろうか。普段は行わないような行動がとられてしまう心理過程として群集心理が挙げられる。人は群集の中の一員になると孤独感が解消されて一体感が生じ、無責任な行動や非合理的な行動が生じやすくなることが知られている。一般的に、自らの個人情報を積極的に流出させたり、自らが

SNSにおける群集心理

SNS上でのコミュニケーションでは不特定多数の人々と同時につながることが可能であり、無責任な行動や非合理な行動などを引き起こす群集心理が生じると考えられる。

行った社会規範から逸脱した行動を自ら全世界に発信するという行為は非合理的であるとみなされる。このような非合理的な行為が生じる理由としては、SNS上におけるコミュニケーションが群集心理と同様の心理過程を内包しているためである可能性がある。すなわち、より気軽に、時間をかけずに多くの人と同時にコミュニケーションを行うことができることによって、情報の発信前に十分な分析が行われず、自分を客体として見ることが困難になり、普段は生じないような行動が生起してしまうと考えられる。

SNS上でうまくコミュニケーションをとるために

SNSの発展は、私たちに大きな利点をもたらした一方で、これまでにはなかったリスクももたらした。SNS上のコミュニケーションは簡便さにおいて、他のコミュニケーションよりも優れているが、それとは引き換えにそのことによって生じる結果についての分析的な過程が損なわれている可能性が考えられる。SNS上でうまくコミュニケーションをとるためには、即時的に多くの他者に情報を発信できるという利点を理解したうえで、情報を発信する前に、自分がある情報を発信した場合にどのような結果をもたらすか立ち止まって考えてみることが望ましいだろう。

（新岡陽光）

恐怖を引き起こす広告は効果的なのか

Keywords
恐怖喚起コミュニケーション
説得的コミュニケーション
防護動機理論
脅威
対処行動

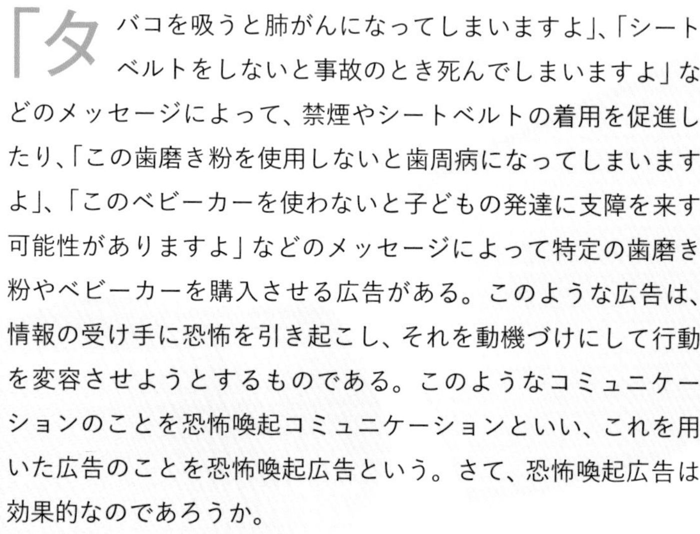

「タバコを吸うと肺がんになってしまいますよ」、「シートベルトをしないと事故のとき死んでしまいますよ」などのメッセージによって、禁煙やシートベルトの着用を促進したり、「この歯磨き粉を使用しないと歯周病になってしまいますよ」、「このベビーカーを使わないと子どもの発達に支障を来す可能性がありますよ」などのメッセージによって特定の歯磨き粉やベビーカーを購入させる広告がある。このような広告は、情報の受け手に恐怖を引き起こし、それを動機づけにして行動を変容させようとするものである。このようなコミュニケーションのことを恐怖喚起コミュニケーションといい、これを用いた広告のことを恐怖喚起広告という。さて、恐怖喚起広告は効果的なのであろうか。

怖がらせることで行動を変えられるか

この問題について、初めて実験的に検討したのはアーヴィング・ジャニスである。彼は、タバコを吸うと肺がんになってしまうというテーマを用いて実験を行った。高恐怖喚起群の参加者には肺がんになった場合の苦痛や予後の悪さなどが伝えられ、これに対して低恐怖喚起群の参加者には専門家の客観的な記述が与えられ、その後の行動の変化が測定された。その結果、興味深いことに高恐怖喚起群よりも低恐怖喚起群のほうがより説得され行動を変えたのである。ジャニスはこれ以外にも歯磨きと虫歯をテーマにした同様な実験を行い、やはり恐怖を喚起させることは、説得や行動変容に逆効果であるということを示した（図）。

ジャニスによる歯磨き促進の研究

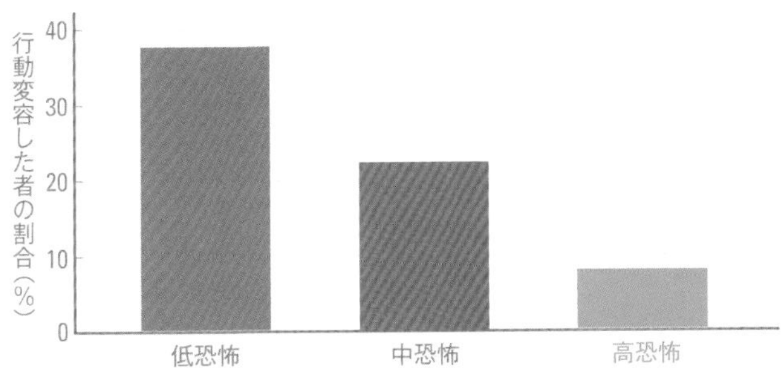

ジャニスの古典的研究では、恐怖が増加するほど行動変容を引き起こせなかった。

しかし、これらの実験と全く逆の結果を報告する研究もその後、現れてきた。例えば、ゴードン・チューは、台湾の人々に蛔虫（かいちゅう）駆除薬を飲ませるための広報において、蛔虫の被害をより深刻に描写したほうが、有効であることを示したし、また、深田博己は、梅毒検査を受けさせるための広報において、梅毒に関する20枚のカラースライドを使用して、その病気の恐ろしさを強調したほうが、検査への動機づけを高めるということを明らかにした。

では、いったい恐怖喚起は効果的なのか、それとも効果的ではないのだろうか。

この問題を解決するヒントになる研究の1つは、レオナルド・バーコビッツとドナルド・コッティングハムの研究である。彼らは、自動車に乗るときにシートベルトをつけるように、という広報を行う場合に、シートベルトをつけなかったことによる被害の大きさを強調した恐怖喚起メッセージを用いる群と中程度の恐怖を喚起させる群、そして統制群でその効果を比較する実験を行った。ただし、彼らは普段から車をよく運転する高関連群と普段あまり車を運転しない低関連群にわけて分析をおこなったのである。その結果、興味深いことがわかった。低関連群は恐怖喚起が大きくなるに従って、説得の効果が高くなったが、高関連群は

トピックに対する関連の程度と恐怖喚起コミュニケーションの効果

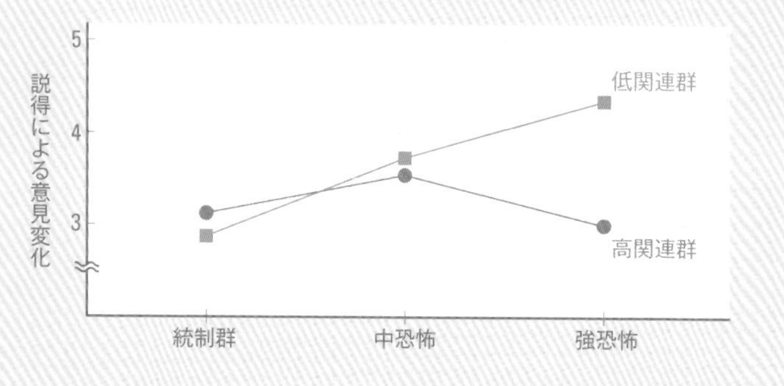

低関連群では恐怖の増加とともに説得効果は増加したが、高関連群では一定以上の恐怖で説得効果は減少した。

中程度の恐怖喚起では効果が高かったものの、強い恐怖喚起ではかえって、逆効果となったのである。普段から車に乗っている人にあまり恐ろしい恐怖喚起を行うと彼らは、恐怖が大きくなりすぎてしまうことを防ぐために「これは運転が下手な人のことだから自分は大丈夫だ」とか、「これは極端なケースだから自分は大丈夫だ」などと情報をゆがめて理解したり、そもそもメッセージを受け取ることを拒否してしまうので、恐怖喚起の影響がかえって減少してしまうと考えられるのである。自分がガンである可能性が高い人はガンの恐怖についてのメッセージを避けたりする現象なども、これと関連したものだと思われる。

恐怖喚起コミュニケーションが効果をもつ場合

このような恐怖喚起コミュニケーションの効果を包括的に説明する仮説としてロナルド・ロジャースの防護動機理論が知られている。これは恐怖喚起コミュニケーションが入力された場合、我々は2つの観点からそれを評価するというものである。第1の観点は、脅威の査定である。これは、そのコミュニケーションが我々にどの程度の恐怖を発生させるかという

防護動機理論

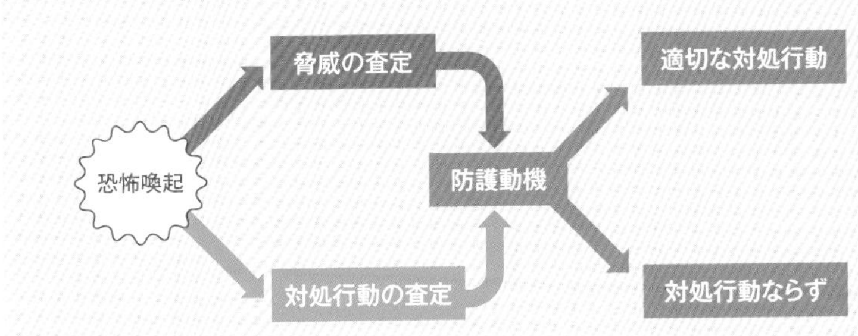

恐怖喚起コミュニケーションにおいては、脅威の査定と対処行動の査定によって、適切な対処行動が生じたり生じなかったりする。

ものである。第2の観点は対処行動の査定である。これはその恐怖喚起源に対してわれわれはどのような対処が可能であるかということである。

もし、脅威が小さい場合は適切な対処行動は生じない。自分はとくに何もしなくても被害を被らないからである。一方、脅威が大きい場合には、対処方法についてのコストについて考慮する。もし、コストが高い場合にはやはり対処行動は生じない。ここで、コストというのは単に金額的な問題ではなく、その労力全体をさす。例えば、毎日タバコを吸っている人にとっては、禁煙は非常にコストのかかるものである。このような状況では合理化や防衛反応が生じやすくなる。しかし、もし低いコストで恐怖を引き起こす事象に対処可能な場合には、適切な対処行動が引き起こされるというのである。

このように考えると恐怖喚起によって、人の行動をコントロールしようとする場合には、脅威を高くするとともにそれに対してちょっとしたコストで脅威を回避することが可能であると宣伝するやり方が一番良いということになる。つまり、「シートベルトをしないとこんなに恐ろしいことになりますよ、でも、運転前にほんのちょっとだけこれをしめる手間をかけてください、それによってあなたはものすごく安全になるのです」といった形の説得的コミュニケーションが最適だということである。（越智啓太）

33

値下げプロモーションでお店がつぶれる

Keywords
消費行動
価格認知
値下げプロモーション
内的参照価格
値ごろ感

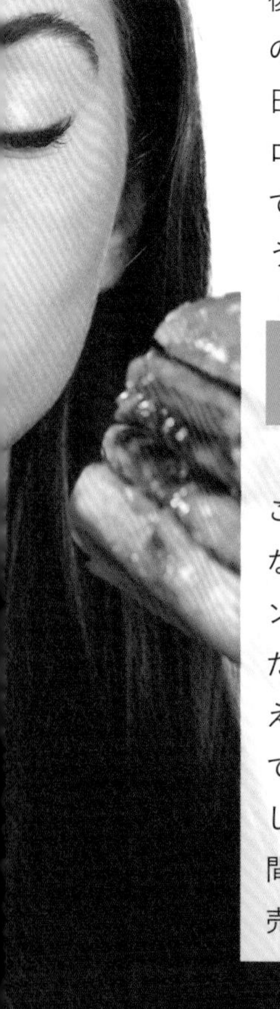

我々が商店に行ったり、ネットでものを購入するというプロセスは、実は複雑である。広告されている商品を認知し、それを記憶し、店舗などでそれを想起し、他の商品と比較して、値段を検討して、その商品を購入するかどうかを決定する。また、いざ、購入した後も、その商品に満足して、つぎもそれを買おうと決心したり、そのブランドのファンになったり、逆に後悔して次は他のメーカーのものを買おうと思ったりする。このような一連の行動は、資本主義社会に生きる我々にとっては日々の生活の中心となるものの一つである。そのため、このプロセスも社会心理学の主要な研究対象となる。その中でもここでは、値段が我々の消費行動にどのように影響しているかという問題について検討してみよう。

新発売のハンバーガー、値引き販売するのが有利？

いま、新発売のハンバーガーを売り出すことを考えてみる。このハンバーガーは厳選された素材を使った自信作で、最終的な販売価格は650円程度にしたいと考えている。では、このハンバーガーを売り出すときにどのような販売戦略をすれば良いだろうか。1つは値下げプロモーション（販売促進）である。例えば、期間限定で500円で販売するという方法である。500円ではもとはとれないかもしれないが、おそらく多くの人が購入してくれるので、そのハンバーガーのおいしさに気づいて、期間が過ぎた後も継続して購入してくれるだろう。一方で、新発売のキャンペーンはするものの値段には手をつけない、つまりあくまで650円で販売するという手法もある。では、長い目で見たときにどちらの戦略が有効なのであろうか。実際には経営者の多くは、期間限定の値下げプロモーションをとりがちなのだが、この戦略には実は大きな落とし穴がある。

値段と売り上げの悩ましい関係

値段と売り上げ数量、あるいはその商品を買いたくなる気持ちの間にはどのような関係があるのだろうか。一般には、値段が高くなるほど売り上げ数量は減少し、買いたくなる気持ちも少なくなると考え、その関数は図①のようになると思われている。しかし、実際にはこのような関数にはならない。

ここで大きく関わってくるのは、内的参照価格と言われるものである。内的参照価格とは、「値ごろ感」とも言われ、それがいくらぐらいの値段であるかについての主観的な認知をさす。われわれは、品物の価格が内的参照価格よりも少しでも安いと購買意欲が急に上昇するが、逆に少しでも高いと購買意欲が急に減少することがわかっている。つまりこ

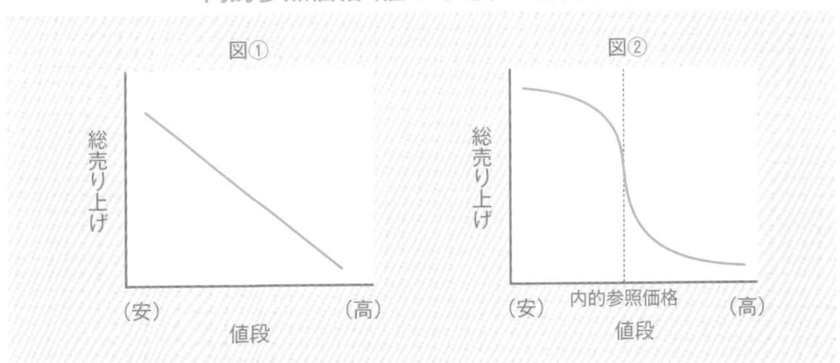

消費者の主観的な認知である内的参照価格（値ごろ感）を境にして、それよりも安ければ購買意欲が上がり、高ければ購買意欲は下がる。商品の価格の設定にあたっては、内的参照価格がいくらであるのかが極めて重要である。

の関数は図②のようになるのである。

この図を見ると購買行動においては内的参照価格がいくらであるのかが極めて重要になってくることがわかる。

さて、ハンバーガーを期間限定の500円で販売したとする。すると割安感のあるこの商品はそれなりに売れると考えられる。しかし、ここで気をつけなければならないのは、このハンバーガーは登場したときから500円なので、内的参照価格も心理的に500円に設定されてしまう可能性があるということである。もし内的参照価格が500円になると、期間限定販売が終了して価格が650円になったとき、いきなり売れなくなってしまう可能性がある。この現象は販売者にとっては「当初予定の値段に戻す」行為に過ぎないのだが、消費者にとっては内的参照価格に加えて150円の「値上げ」に感じられてしまうからである。

この現象を実際のスーパーマーケットで実験したのが、アン・ドーブらの研究である。彼らは、アルミホイル、マウスウォッシュ、歯磨き粉、

「お試し価格」が仇になる？

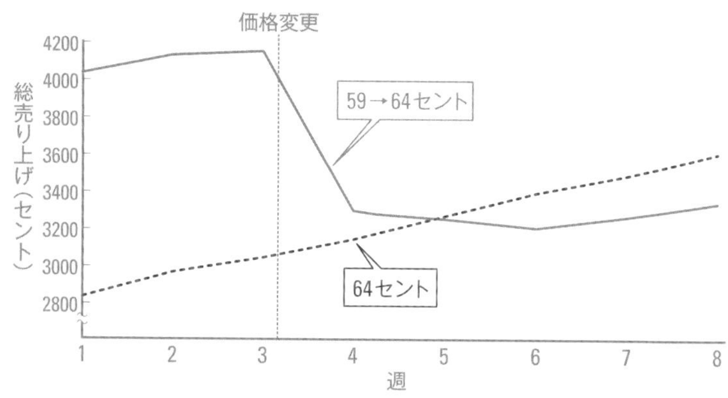

ドーブらの研究では、「お試し価格」を導入するとその期間は売り上げが大きくなったが、「お試し価格」終了後は急激に売り上げが下がり、結局、はじめから定価で販売していた場合を下回った。その原因として、「お試し価格」の導入によって消費者の内的参照価格が安く設定されてしまったことが考えられる。

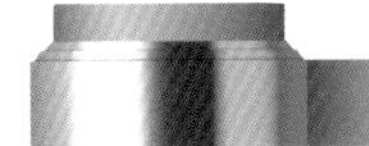

電球、クッキーなどの新商品を店に売り出すときに、お試し価格を導入した場合としなかった場合で売り上げがどのように変化するかについて実験を行った。アルミホイルの売り上げの結果を見てみよう。売り上げは図のようになった。お試し価格を導入するとたしかに最初は売れるが、お試し価格が終了すると一気に売れなくなってしまうのがわかる。

実際、開店大売り出しなどをした店で、大売り出しのときはものすごく混んでいたのに、売り出しが終わったとたんに客が来なくなり、あっという間につぶれてしまったという出来事は毎日のように起こっている。また、閉店時間の直前に大幅値下げをすることをくり返すとその時間のみ混雑し、普段の時間帯は、客にとって割高に感じてしまうために来客数が少なくなるということもよく見られる。消費者の立場からすれば「売れ残りを捨てるくらいなら安く売るべきだ」と思うかもしれないが、そんな単純な問題ではないのである。

ではなぜ、経営者は値下げプロモーションを行ってしまうのだろうか。1つの理由はそれがほかのプロモーションに比べて短期的に売り上げを伸ばすという意味では効果的だからである。では、経営者にとって安く売って多くの人に商品を手にとってもらうためには、どうしたら良いのだろうか。

そのためには、内的参照価格を下げずに実質的な値下げをすれば良い。例えば、商品の内容量の増量（10%増量など）は、内的参照価格を変化させずに安く売ることができることが知られている。また、日本のファストフード店でよく行われているような「割引チケット」の配布も有効である。これだと「このチケットがあるから安いのだ」という特別感がでるので、内的参照価格にはあまり影響しない。さらには「おまけをつける」という方法もある。ただし、100円の値下げに匹敵する売り上げ増を引き起こすのに必要なおまけは100円以上、場合によっては数百円～数千円になってしまうため、値下げに比べてコストパフォーマンスは悪い。人はおまけよりも割引にはるかに敏感なのである。　（越智啓太）

うわさはなぜ発生するのか

Keywords
流言
ゴシップ
都市伝説
うわさの変容
先入観

うわさは人から人に、あるいは近年ではインターネットなどを通じて拡散する話のことで、内容が真実であるかどうかは問わない。「世界で一番ふるいメディア」と言われることもある。うわさには様々な形態があるが、社会心理学者の川上善郎によれば、大きく分けると次の3種類になる。1つは、「あの銀行が倒産する」とか「3日後に大地震が起こる」などの話で流言と言われている。2つめは有名人の恋愛沙汰や知人の動向などについての話でゴシップと言われる。3つ目は都市伝説と言われているもので、ストーリーをもった物語であり、物語がそのまま伝達される。

うわさは他愛もないものと言われることもあるが、いままで流言などによって大きな混乱が引き起こされたこともある。例えば、豊橋信用金庫事件では、「信用金庫はあぶない」という内容の女子高生の雑談がうわさ話となって拡散し、預金者7千人が信用金庫に押し寄せ、総額26億円が引き出されるという事態にまで発展した。また、飲食業界などでは悪いうわさによってその売り上げが大幅に落ちて、閉店に追い込まれたところも少

うわさとは何か

うわさ
①流言 ……… 主に社会情報を伝える話
②ゴシップ … 有名人や知人についての個人的な話
③都市伝説 ‥ ストーリー性をもった物語

川上善郎によれば、うわさは流言・ゴシップ・都市伝説の3種類に分類される。
他愛のないもののようでいて、現実に重大な結果をもたらすこともある。

なくない。身近なところではありもしないうわさを流されて学校での人間関係がこじれたり、いじめにあったりするケースもある。いずれにせよ、うわさは、影響力の大きな重要な社会現象と言えるであろう。

うわさはどのように変容するのか

うわさについて最初に科学的な検証を行ったのはゴードン・オールポートである。オールポートの問題意識の1つは、うわさは伝達の過程でどのように変容するかというものであった。そこで、彼は、「伝言ゲーム」型の実験を行った。これは舞台の上に何人かの人物を呼び寄せて、1枚の絵（黒人が白人に電車の中でナイフを突きつけられているというものなどが使用された）を最初の人物に見せた後で、その内容について伝言で次々

オールポートの実験に用いられた絵

右側の人物（白人）の左手にナイフがある。絵を見た人が、その内容を次の人に伝言し、伝言された人がさらに次の人に伝言し……という過程で、平均化・強調化・同化という情報の変化が見られた。伝言の過程で、話は要約され、先入観に合うように変わっていった。

に伝えていき、その過程でどのように変化するかを調べる実験である。

その結果、情報は伝達の過程で次のような3つの変化をおこすということが示された。①平均化：情報量がだんだん少なくなっていく、②強調化：一部の情報が強調され、関係ない部分が次第に省略されていく、③同化：我々の先入観にしたがって情報が変容される。簡単にまとめるとうわさ話は要約され、先入観どおりに変わっていくということである。実際、この実験が行われた時代は、アメリカでは黒人差別がまだかなり残っており、悪いことをするのは白人よりも黒人であることが多いという先入観があった。そのため、「白人が黒人にナイフを突きつける」という情報が「黒人が白人にナイフを突きつける」に途中で変容してしまったりした。

うわさの伝達過程で生じる平均化、強調化、同化という現象はひろく知られるようになったが、その後、うわさの変容は必ずしもこの法則に従うのではないということもわかってきた。例えば、都市伝説の事例を見ていくと、意外に、ディテールが詳細化していく、身近な話になる、ストーリーが明確化して起承転結がはっきりして話としてのオチがつく、などの積極的な変容が見られる場合も少なくないことがわかった。オールポートの実験は、強制的に伝言させるゲームであったため、平均化や強調化が起きたのだと思われるが、じっさいのうわさでは、単純化されるよりはむしろ、複雑になっていったり、物語としての完成度が高くなる傾向があるようである。これは、話としておもしろかったり、含蓄があるほうが、伝達されやすいからだと思われる。つまらないうわさ話は「淘汰」されてしまい、おもしろいものだけが伝わっていくのである。

都市伝説から見るうわさの誕生

都市伝説を観察してみると、うわさがなぜ発生するのかについての手がかりも得られる。1つは「理解不能、不可思議な出来事に対する説明機

都市伝説（うわさ）の２つの機能

都市伝説（うわさ）には大きく２つの働きがあると考えられる。

能」であり、もう１つは「教訓や注意の伝達機能」である。前者の例では、例えば、「ハンバーガーチェーンのネコバーガー（有名なハンバーガーチェーンのハンバーガーはビーフでなく猫肉で作られているといううわさ、もちろん内容は真実ではない）」などのうわさがある。これは、「こんなに安くビーフハンバーガーを提供できるわけがない、そこには何かウラがあるのではないか」という疑問に答える形でうわさが作り出される。その背景には理解が難しいものに対する不安感があると思われる。最近、目にすることの多い「陰謀論」もこれと同じようなメカニズムで発生するのだと思われる。陰謀論は、複雑な社会情勢を過度に単純な枠組みで説明している一種のうわさだとも考えられる。後者の例では「ピアスの白い糸（自分で耳にピアスの穴をあけようとしたところ、白い糸のようなものがでてきたのでこれをひっぱって抜いたところ、じつはそれは視神経であり、失明してしまったといううわさ、もちろんこれも真実ではない）」などのうわさがある。これは、「ピアスの穴など、あけてはいけません」といった教訓や注意・禁止の機能をもっていると思われる。親が子どもに直接そのように注意するよりもこのうわさを子どもに聞かせるほうが、より子どもはピアスの穴をあけたくなくなるであろうからである。流言やゴシップも、基本的にはこれら2つのメカニズムによって発生していくのだと思われる。（越智啓太）

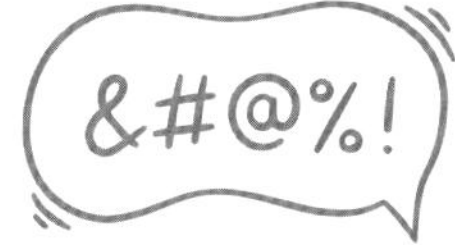

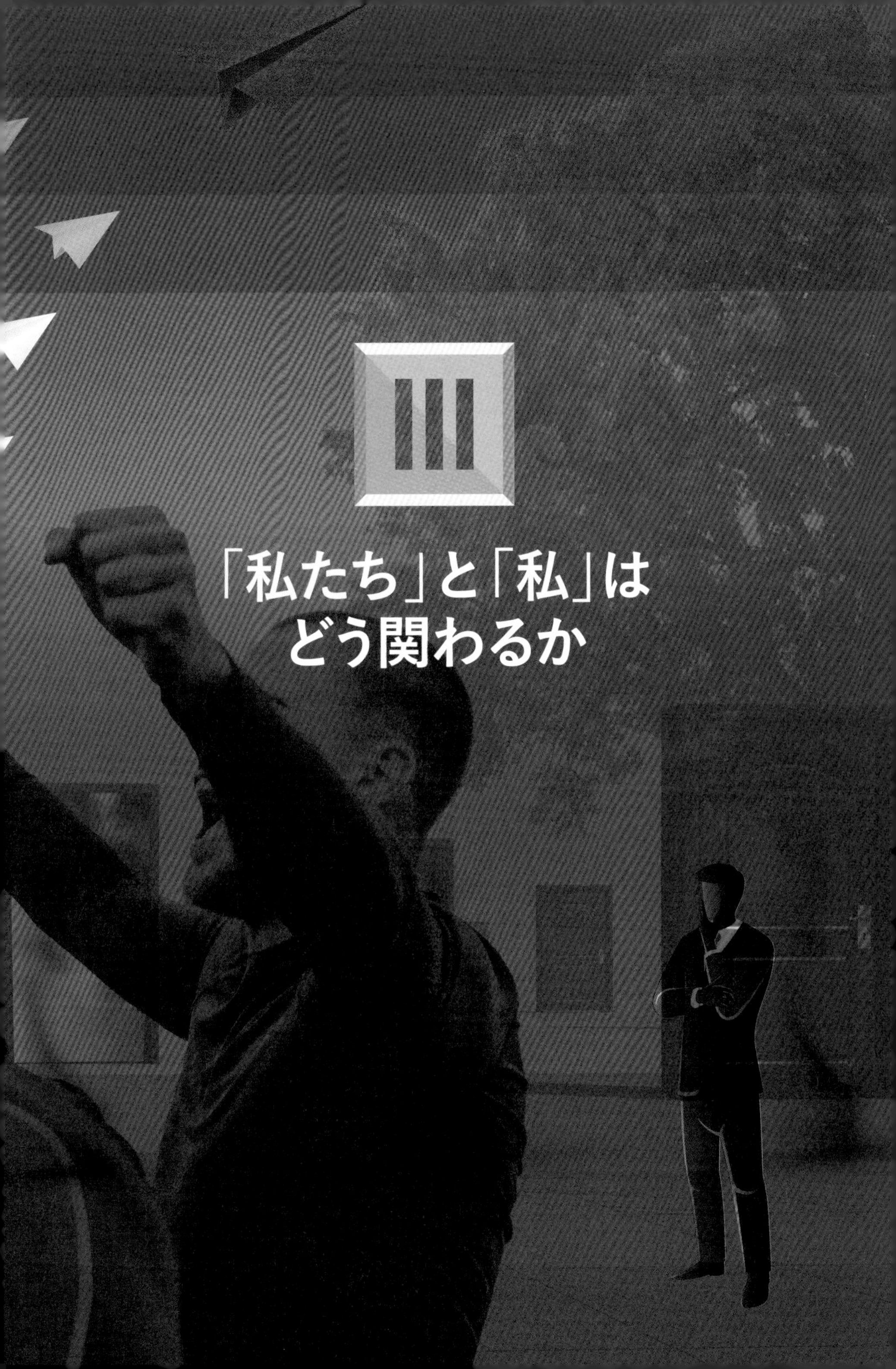

III

「私たち」と「私」はどう関わるか

集団の発達と衰退、そして再活性化

Keywords
集団発達モデル
集団年齢
会社の寿命
組織変革

集団が形成された当初、メンバーは精力的に活動していたものの、それからある程度の時間が経過すると、以前の活力が影を潜めて、集団全体が内向きになってしまう。こうした集団の変化は、人間と同じように「年齢」を想定することでうまく理解できる。

集団も人間と同じように成長・発達を遂げる?

我が国は、かつてないほどの高齢化社会を迎えている。平均寿命は、1947年には男性50.06歳、女性53.96歳だったのに対し、厚生労働省によれば2020年では男性が81.64歳、女性が87.74歳である。寿命が飛躍的に伸びていることが物語っているように、数十年前の60歳と最近の同じ年齢の人を比べてみると、格段に若々しくなっていることに気づく。

このように人の寿命は年々伸びているが、私たちが所属する集団や組織はどうだろう。集団や組織はそこに人が集うだけで、成長や寿命とはまったく関係がないと思う人もいるかもしれない。しかし、集団心理学や産業・組織心理学の研究から、集団や組織も私たち人間と同じように成長し、やがて老いを迎えることがわかっている。

集団が発達することにいち早く気づき、発達段階をモデル化したのが集団心理学者であるブルース・タックマンである。タックマンは、集団の発達を図に示すように5つの段階で説明している。最初は、何らかの目的の下に集団のメンバーが集められる段階で「形成期」と呼ぶ。この段階では、まずはメンバー

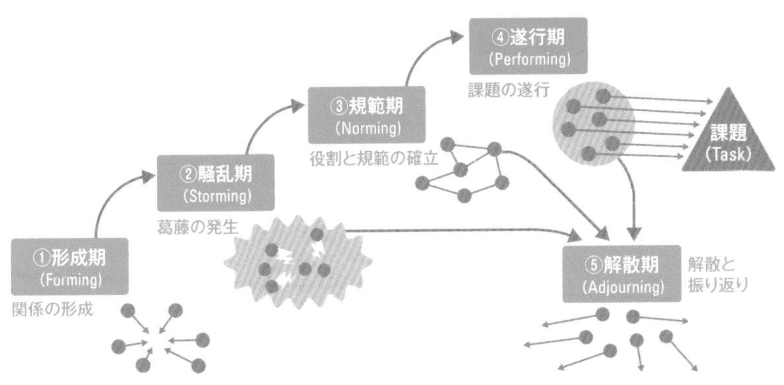

タックマンは集団発達の過程を５つの段階から成るとするモデルを提唱した。

同士がお互いに関係性を築くとともに、集団メンバーとしての自覚が芽生えるようになる。この形成期から集団が着実に成熟していけば良いが、現実には「騒乱期」と呼ばれるように、集団として掲げる目標やメンバー同士の役割等で、互いに葛藤や競争が生じて集団内に緊張感が生じる。もちろん、これがエスカレートすると集団が解散することもあり得る。

こうした騒乱期を乗り越えると、集団としての目標が明確になり、徐々に集団内で互いに暗黙のルールや行動基準、価値観が確立するようになる。この段階を「規範期」と呼ぶ。さらに、集団が成熟すると、次第に集団のメンバー同士が協力し合い、課題遂行に十分なエネルギーを注ぐようになる。この段階を「遂行期」と呼ぶ。

なお、遂行期を経て集団目標が達成されると集団のメンバーは解散することになるが、それ以外にもいずれの段階でも集団の活動がうまくいかなければ解散することもある。この段階を「解散期」と呼ぶ。

集団の老いと寿命

タックマンの集団発達モデルが示すように、集団が結成されると、メンバー間の関係性が深まり、その集団独自の規範が形成されるようになる。それがさらに進展すれば、「あうん」の呼吸のごとく、コミュニケーションがさほどなくともお互いの行動が予測可能になっていく。このように、集団は時間の経過とともに成熟するが、人間が年齢に応じて老いに直面するように、集団にも老年期がある。それによって、集団はある年齢をピークに活力を失っていき、業績も低下していく。

こうした集団発達における老化現象を実証的に明らかにした研究はわずかな数しか存在しないものの、その代表的な研究として、組織心理学者のラルフ・カッツのプロジェクトチームを対象とした研究が挙げられる。カッツは、50の研究開発チームを対象に、チームが結成してからの経過時間とともに、チーム内のメンバー同士のコミュニケーションとチーム外の人とのコミュニケーション、そしてチーム業績の推移を図のように示している。

すなわち、チームが結成してから間もない時期は、チーム内外へのコミュニケーションの量も右肩上がりを示し、活発な様子がうかがえる。これと連動して、チーム業績もコミュニケーションの量と相関関係を示しながら右肩上がりで上昇している。しかし、チーム内のメンバーに対するコミュニケーションの量は3.5～5.0年をピークに、そして他の組織の関連チームとのコミュニケーションも2.5～3.5年をピークに極端な低下を示すようになり、5.0年以上になると、その落ち込みは最も激しくなる。これらの傾向とあわせて、チーム業績も1.5～2.5年をピークにわずかに下がり始め、3.5～5.0年

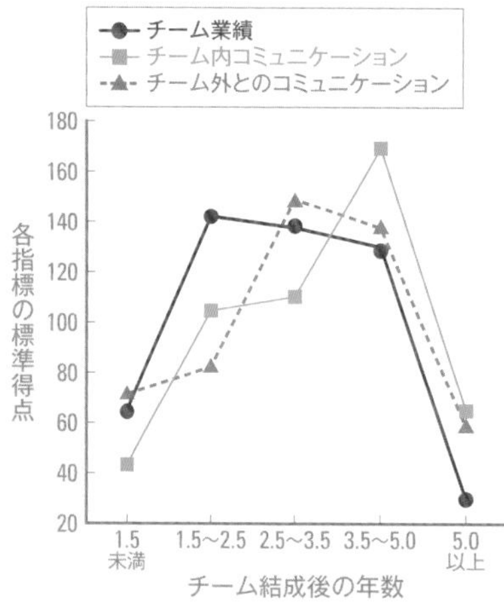

カッツの研究によると、集団年齢の変化とともに、右肩上がりだった業績やコミュニケーション量はある時点から下がっていく。

を超えると急激な低下を見せている。

チームが結成してからの経過時間を「集団年齢」として捉えると、この図の推移は興味深い事実を物語っていることに気づかされる。すなわち、チームの集団年齢が若い時期には、チーム内のコミュニケーションも旺盛で、チーム内の相互理解を深めるだけでなく、他のチームとも情報交換をしたり新規の情報を取り入れていることを示している。このようにチームに活力がみなぎっているときには、業績も向上していく。しかし、チーム結成からかなりの時間が経過した老年期とも言える時期には、メンバー間で交わされるコミュニケーション・ネットワークが固定化し、チームの活力が失われていくにつれ、チームの業績も急激に衰退することになる。

実際、組織心理学者の古川久敬は「集団年齢」の理論を提唱し、集団硬直化に見られる現象として、①各メンバーの役割と行動が固定化すること、②メンバーの考え方が均一化し、刺激を与えなくなること、③メンバーが互いに情報を伝達する相手を選択するようになり、コミュニケーションのルートが固定化すること、④集団外部の情報と疎遠になり、集団内部のことに関心を狭めること、⑤リーダーが過去の前例と経験に縛られ、変化に抵抗を示す自己呪縛に陥ること、などを挙げている。

集団や組織にこうした「年齢」が存在することはビジネスの世界でも理解され始めている。1983年に『日経ビジネス』(1983年9月19日号)が我が国の過去100年間に渡るトップ企業100社の変遷について分析したところ、「会社の寿命」はおよそ30年というショッキングな結果が明らかになった。このことは、実際の企業でも、決して繁栄が永続的に続くわけではなく、我々人間と同様に発達や成長を遂げ、充実した時期を迎え、そしてやがては衰退していくことを如実に表していると言える。

ただし、人間と唯一異なることがある。それは、現時点で、人間にとって「老い」は避けられないものであり、誰もがいつかは寿命を迎えるものの、集団や組織は、ある時点で「組織変革」(➡39、48、49)を講じることで、再び活性化を果たすことができる点である。 (池田　浩)

なぜ人は多数派に合わせてしまうのか

Keywords
同調
知覚の自動運動現象
集団圧力
規範的影響
情報的影響

人の判断や行動は、集団や他者などの影響がまったくない真空の空間で行われている訳ではない。私たちは、多かれ少なかれ、知らず知らずのうちに周りの他者の影響を受けて、判断や行動を行っている。人間がしばしば「社会的動物」と称される理由の一つはここにある。こうした、人が集団の中で他者に合わせて振る舞うことを同調と呼ぶ。

集団において周りに合わせる

ではなぜ私たちは周りの影響を受けるのだろうか。それを知るための重要な手がかりとして、同調に関わる2つの古典的な実験を紹介しよう。

1つは、トルコ出身で後にアメリカに移住した社会心理学者ムザファー・シェリフの実験である。彼は、暗室で光の点がどの程度動いているかの長さを判断させる実験を行った。実は、光の点は動いているわけではなく、暗闇でそれを見つめているとあたかも動いているかのように見える「知覚の自動運動現象」を利用したものである。当然、長さの判断には個人差が見られる。実験では、まず1人で光点の動きの長さを報告してもらう。その後、3人一組で同様に光の動きの長さを報告してもらい、これを複数回繰り返した。すると、3人が報告した長さは、最初はバラバラであったが、回数を重ねるにつれ同じ長さに収束していった。この結果は、実験の参加者3人は正確な光点の動きの長さについて確信をもてず、互いに同調し合ったことを表している（➡37）。

アッシュの同調実験

標準刺激

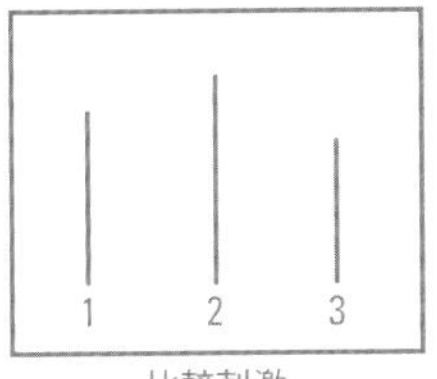

比較刺激

アッシュの同調実験で用いられた実験刺激である。左の標準刺激の線分と同じ長さの線分を、右の比較刺激から判断するというもの。正常な視力の持ち主であれば、ほぼ正解することができる容易な課題である。

2つ目は、ポーランド出身で後にアメリカに亡命したソロモン・アッシュによる実験である。この実験は非常に簡単な課題であった。すなわち、実験参加者の前におかれた2つのボードのうち片方には1本の線分が提示され、もう片方のボードには比較刺激として3本の線分が提示され、そのうち標準刺激の線分と同じ長さの線分を選ぶというものであった。通常の視力の持ち主であれば99.3%正解するという課題である。

実験では、8名が参加し、端から順に回答を表明するというものである。例えばあなたは7番目に回答するとしよう。最初の数回の試行では全員が難なく正解したものの、数回目の試行のときに、あなたの前の6名の参加者が揃って誤答を表明したとすると、あなたはどのように回答するだろうか。正解だと信じる回答を表明するだろうか。それとも、前の6名と同じ間違った回答（心の中では正解は異なる線分であると信じてはいるが）を表明するだろうか。

実は、実験参加者のうち、1名を除いた7名は実験協力者（サクラ）であり、あらかじめ誤答を表明するよう実験者から指示されていた。実験では、7名が間違った回答を表明した状況において、真の実験参加者1名がはたして多数者に同調して誤答を表明するのか否かを調べることが目的であった。実験の結果は、複数回の試行のうち、まったく同調せずに、自らの信念を貫いて回答を表明したのは50人中わずか13人であり、残りの37名は少なくとも1回は同調していた（参加者全員のうち74%）。すなわち、7名の実験協力者の誤答が真の実験参加者に対する集団圧力として影響し、同調をもたらしたと言える。

同調を引き起こす2つの影響源

それではなぜ同調が生じるのだろうか。モートン・ドイチュとハロルド・ジェラードは、2つの影響過程を挙げている。1つは、集団の他のメンバーから好まれたい、あるいは嫌われたくないという理由から同調するものであり、集団の多数派の意見に合わせる「規範的影響」である。先のアッシュの同調実験において、実験参加者が同調した原因はこれに当たると言える。また、規範的影響では、集団の多数者の意見や行動を受け入れずに、同調することから「公的受容」による同調とも言える。

もう1つの影響源は、正しくありたい、正しい情報を得たいという人間の本質的な欲求から、集団の他のメンバーの意見を受け入れる「情報的影響」である。これは、シェリフの同調実験に当てはまり、人は何が正しい考えや判断か十分に確信がもてないときには、自分のまわりのそれが有力な情報であると考え、それに同調するようになると言える。他者の考えや判断を正しい情報であると考えて受け入れるために、これを「私的受容」による同調とも言える。

多数派の意見に背くとどうなるのか

規範的影響は、集団のメンバーから嫌われないよう表面的に同調したものである。仮に、それに逸脱した場合にはどのようなことが起こるのだろうか。この問題について、コロンビア大学のスタンレー・シャクターは興味深い実験を行っている。シャクターは、集団で議論する実験場面を設定し、その集団メンバーの1人（実験協力者：サクラ）として、①多数者意見と同じ意見を主張する「中庸者」、②多数者とは違う意見を主張し

集団内の他のメンバーから受けるコミュニケーション量

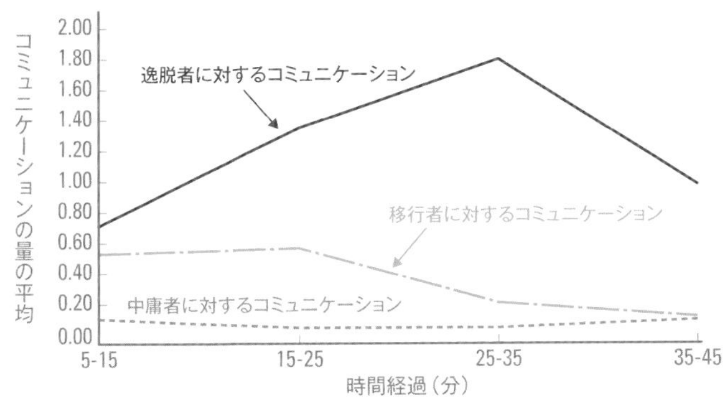

シャクターの研究によると、多数者と同じ意見の「中庸者」に対してはコミュニケーションが一貫して少なく、途中から多数者の意見に変わる「移行者」に対しては移行後にコミュニケーションが少なくなる。多数者と異なる意見を主張し続ける「逸脱者」に対してはコミュニケーション量が増加し続けるが、ある時点からは急激に低下する。

続ける「逸脱者」、そして③初めは逸脱していたが討議の途中で多数者の意見に移行する「移行者」のいずれかをメンバーに入れた。そして、他のメンバーが3つの種類の実験協力者に対してどのようなコミュニケーションを行うかを検証した。

図のように、中庸者に対しては、コミュニケーションの量は一貫して低いことがわかる。これは、多数者と同じ意見であるからである。次いで、移行者には、ある時点までは比較的コミュニケーションの量は多いものの、多数者の意見に移行した後はやはりコミュニケーションの量は低下している。注目すべきは逸脱者である。一貫して、多数者と異なる意見を主張し続けると、逸脱者に対してコミュニケーションの量は増加している。これは、他のメンバーから説明や説得、要請などによる「集団圧力」が増し、同調するように働きかけられている様子を物語っている。ところが、ある時点からはコミュニケーションの量が急激に低下している。この傾向は、ある時点までは圧力が増すが、逸脱し続けると行く末は集団の他のメンバーから拒絶されることを意味している。（池田　浩）

集団に生まれる暗黙のルール

Keywords

集団標準
集団規範
知覚の自動運動現象
リターンポテンシャルモデル

ひとたび集団で同じ時間を過ごすようになると、その集団特有の期待される価値観や行動基準が生まれるようになる。例えば、アルバイト先では必ず始業開始10分前に来ることが暗黙に期待されている。仲の良い友達仲間では、SNSによるメッセージが届いたら、30分以内に返信しないといけない。それらの期待や価値観を集団メンバーが感じるようになると、それに沿った行動が生まれるようになる。

暗黙のルールはどのようにして生まれるのか

集団発達モデル（➡35）を持ち出すまでもなく、集団が形成された当初は多様な価値観をもつメンバーであったとしても、時間が経過してメンバー同士がコミュニケーションを取り、活動をともにすることで自分とは異なる価値観に触れて、お互い

集団規範とは

集団のメンバーに共通して期待される標準的な考え方や行動様式を集団規範と呼ぶ。

に影響を受けるようになる。そして、さらに時間が経過すると次第にその集団において「こうすべき」「こう考えるべき」といった集団としての標準ができあがる。そして集団のメンバーは、集団標準に沿った行動をとることが暗黙に期待されるようになる。これがさらに進展すると、必ずしも明文化されていないが、集団内で暗黙に共有する考え方や価値観が確立するようになる。このように「集団のメンバーに共通に期待される標準的な考え方や行動様式」のことを集団規範と呼ぶ。

例えば、多くの会社では、始業時間が定められているが、始業時間ちょうどに出勤する人はほとんどいないだろう。ある程度余裕をもって仕事を始められるように早めに出勤するのが暗黙の前提となっている。ただし、あまり早く行き過ぎるのも周りから嫌な顔をされることとなる。すなわち、会社（集団）ごとに何時頃に出勤することが望ましいかの規範が存在する。あるいは、大学のゼミによっては、必ず発言することが期待されているゼミもあるだろう。発言しないと、かえってゼミのメンバーから「何しに来たんだ」と白い目で見られるため、何かしら発言するようになるだろう。このように、私たちが所属するあらゆる集団には、様々な種類の集団規範が存在し、それが集団メンバーの行動を大きく規定している。

では、集団規範はどのように形成されるのだろうか。それに関わる古

シェリフの実験

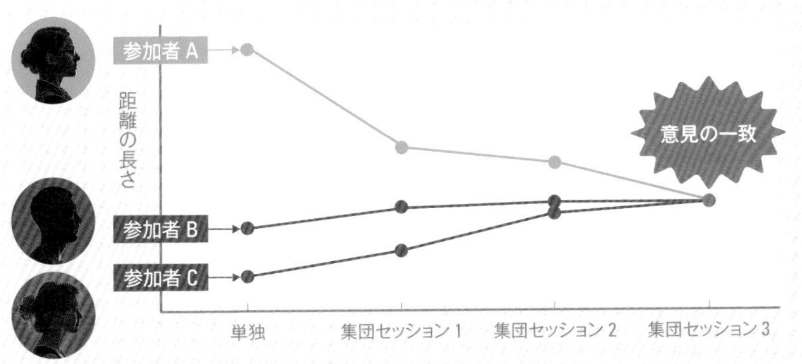

集団で実験を行うと、3人の参加者の報告する長さが回数を重ねるにつれて同じ長さへと収束していった。

典的な実験として、ムザファー・シェリフによる知覚の自動運動現象の実験がある。36で紹介したように、暗室での光点の動きの長さを判断するこの実験では、個別に報告した場合にはばらばらだった長さが、3人の集団で報告した場合には、回数を重ねるにつれて同じ長さへと収束していった（図）。このことは、他のメンバーに影響されて、みんなが同じ長さに調整するようになり、結果として、集団として適切と思われる長さが共有されるようになったと言える。

暗黙のルールはどうすれば可視化できるのか

集団のメンバー間で共有している規範はどうすれば可視化できるだろうか。ジェイ・ジャクソンは、図に示すように横軸にある行動（例えば、会議での発言回数など）、そして縦軸はそれぞれの行動に対する集団のメンバーからの評価として、否定的に評価される「否認」から肯定的に受け入れられる「是認」の程度を示す「リターンポテンシャルモデル」を考案している。

図に示されているリターンポテンシャル曲線のうち、行動次元が「6」（例えば、会議における発言回数など）のときには、集団メンバーから最も

リターンポテンシャルモデル

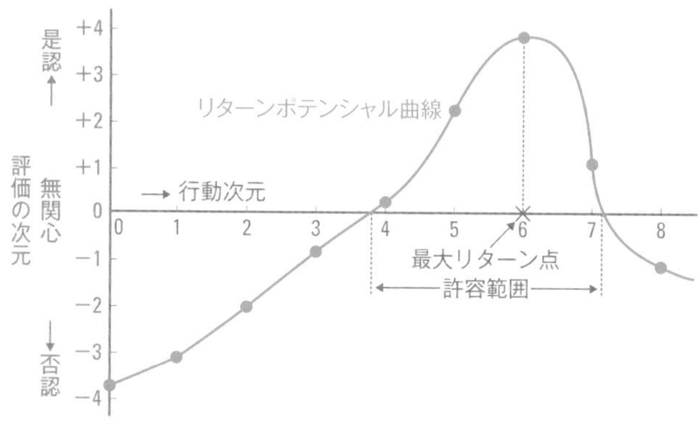

リターンポテンシャル曲線を見ると、その集団において許容される行動の範囲などがわかる。

好意的に受け入れられる。これを「最大リターン点」と呼ぶ。また、行動次元が「4」から「7」のときには、評価の次元が0を超えているため、これは集団メンバーから許容されている行動範囲を意味する(許容範囲)。この図からは、許容範囲が広ければ、それだけ緩やかな規範を示しているのに対し、それが狭ければ許容される範囲が小さい、窮屈な規範であることを示していると言える。

こうしたリターンポテンシャルモデルを用いることで、出勤時間や授業中の私語などについての様々な規範を把握することが可能になる。

暗黙のルールはなぜ生まれるのか

ではなぜ集団やチーム、組織では規範が生まれるのだろうか。その理由の1つは、「集団の維持」である。集団規範の根底には、形成された集団を維持したいというメンバーの想いがある。つまり、集団における人間関係が形成されたあと、あるメンバーがそれを乱す行動を取ると、集団の存在自体が脅かされる。そのため、集団メンバー同士が集団規範から逸脱した行動をとると批判や処罰を与えることで、逸脱行動を防ぎ集団を維持しようとする。

また、2つ目は、「集団目標の達成」である。とくに、企業などでは、組織の業績や活力、成長につながる良い習慣や価値観を共有していることも少なくない。例えば、我が国を代表する世界的自動車メーカーでは、業務における無駄や作業の見直しの活動が日々行われており、それが遺伝子のように世代間で受け継がれている。

ただし、集団規範は決してポジティブなものばかりではない。当然ながら、組織内では当たり前や当然の慣例であっても、社会的には到底受け入れられない規範も存在する。例えば、長年組織で横行していた不正やモラルハザード、ハラスメントなども、組織内部からの内部告発(ホイッスルブローイング)や社会的な批判を受けてはじめて、その規範の不適切さに気づかれることも少なくない。

(池田　浩)

「普通」の人が悪魔に変わるとき

権威への服従
服従実験（アイヒマン実験）
電気ショック
監獄実験

仮に、権威のある人物から、他者に罰を与え、苦しめるよう命令されたとしたら、我々はそれに従うだろうか。歴史を振り返ると、ナチスによるユダヤ人迫害をはじめ、権威をもつ人物の命令によって、人間が人間を苦しめたり、場合によっては死に至らしめるような出来事がいくつも起こっている。そうした命令に従い、人を苦しめることができるのは、他人に肉体的・精神的苦痛を与えることに喜びを感じる一部のサディストだけであって、通常の人間には考えられないことだと思うかもしれない。はたしてそれは本当だろうか。

権威のある者の命令に従う

イェール大学のスタンレー・ミルグラムは、ナチスによるユダヤ人迫害のような残虐な行為がなぜ行われたのかに関心をもった。そのユダヤ人を強制収容所のガス室に移送していた責任者であったアドルフ・アイヒマンが第二次世界大戦後にアルゼンチンで身柄を拘束され、イスラエルで裁判が行われた。世界中の多くの人が、アイヒマンはサディストで非道な性格の持ち主であると想像していた。しかし、裁判での彼の様子は気弱で平凡な様子を示していた。そして、彼は残虐な行為を行った理由として「自分は上官の命令に従っただけ」と主張した。そこでミルグラムは権威者の命令に従う人間の心理について知るために服従実験（アイヒマン実験とも呼ばれている）を行うことを決意した。

服従実験では「記憶と罰に関する実験」という目的のもとに

服従実験の予想とその結果

電気ショック		予想			実験結果
		精神科医40人	大学生31人	一般40人	
かすかなショック	15	1			0
	30				0
	45			1	0
	60	1		1	0
中程度のショック	75	6	4	7	0
	90	1	3	1	0
	105	4		1	0
	120	4	1	3	0
強いショック	135	1	3	2	0
	150	14	12	9	0
	165		1	2	0
	180	2	6	3	0
とても強いショック	195	2		1	0
	210		1		0
	225			1	0
	240			1	0
激しいショック	255			1	0
	270				0
	285				0
	300	1		3	5
とても激しいショック	315				4
	330				2
	345				1
	360				1
危険：すごいショック	375				1
	390				0
	405				0
	420				0
×××	435				0
	450				26

ミルグラムの服従実験では、当初の予想をはるかに超えた強さの電気ショックを多くの人が与え続けた。（なお、予想では、精神科医の3名、一般の3名は電気ショックを全く与えないと回答した。）

男性40人が参加した。実験には2名ずつ参加し、そのうち1人が生徒役に、もう1人が教師役に割り当てられた。実は、本当の実験参加者は必ず教師役に割り当てられるように操作され、生徒役は実験協力者（サクラ）であった。

教師役の参加者は、生徒役に問題を出し、生徒役が答えを間違えるたびに電気ショックを与えるように指示された。電気ショックは、15ボルトから450ボルトまであり、電気ショックのレバーには「15：かすかなショック」から「375:危険・すごいショック」、「435:×××」とどれほどの強さであるかが明示されていた。電気ショックの強度が上がるたびに、生徒役は叫び声を上げたり、300ボルト以上になると壁を叩き、最終的には無反応になった。当然、教師役は動揺し、実験者に何度も実験を中止するように迫るが、実験者は「実験を続けてください」と告げた。なお、実際には、電気は流れておらず、サクラの反応は全て演技であった。

さてこのような実験において、教師役の参加者はどれくらいの強さの電気ショックを与えるだろうか。ミルグラムは、事前に精神科医や大学生、一般人にこの質問を行い、表に示された回答を得ている。いずれもせいぜい「強いショック」程度だろうと回答した人が大半であった。しかし、実験の結果は我々の予想をはるかに上回るものであった。なんと最高の強度である450ボルトまで電気ショックを与え続けた参加者は実に全体の65パーセントを占めていたのである。

この服従実験の結果が物語っていることは、人間の倫理感や正義感は脆く、権威のある人からの命令であればジレンマを感じながらも従ってしまうことである。

役割の中で命令を下す

一方で、命令を行う側の人物は、どのような心理で命令を下しているのだろうか。命令に従う側の心理的な弱さにつけこみ、ときに倫理にもとる行為を指示する側の人物こそが、サディストやマキャベリズムなど攻撃性にあふれた性格の持ち主なのだろうか。ミルグラムの実験では、命令に従った側の心理に関心が寄せられていたが、もう一方の命令を下した側の心理も注目すべき問題である。

この問題を考える上で、アイヒマン実験と並んで心理学の歴史に名を残している社会心理学者フィリップ・ジンバルドーの「監獄実験」は興味深い。ジンバルドーは、スタンフォード大学の地下に模擬監獄を作り、健康な若者18名を集めて実験を行った。実験では、無作為に看守役と囚人

「普通」の人を悪魔に変える状況・環境

ジンバルドーによれば、置かれた状況（匿名性のある環境、権威者と非権威者が明確に分かれている、完結している世界など）によっては「普通」の人が過剰な攻撃行動をとってしまう。

役に分かれ、2週間もの間、その模擬監獄で過ごすというものであった。ただし、看守が囚人に暴力を振るうことは許されていなかった。

実験が始まった頃は、看守も囚人も和気あいあいと過ごすものの、両者に変化が生じるまでには長い時間は必要なかった。看守は、次第に自らルールを定めて囚人の行動を制限し、それに従わないと罰を与えるようになった。例えば、囚人同士に恥ずかしい行為を行わせ、それに従わないと看守が独自に決めた罰を与えた。それによって、囚人側も次第に精神的に不安定な状態に陥るようになった。結局、実験は当初2週間の予定であったが、わずか6日間で中止せざるをえなかった。

では、なぜ大学の地下に作られた「模擬監獄」での実験であったにもかかわらず、予定を中止せざるを得ないほど、エスカレートしてしまったのだろうか。とくに、看守側の変貌には注目すべき点があり、「人が悪魔に変わる」心理的メカニズムを紐解く鍵がある。

ジンバルドーは、監獄実験やその後の研究を踏まえて、街中にいる「普通」の人であっても、「悪魔に変わる」可能性があることを強調している。つまり、彼は、悪魔に変わるのはサイコパスやサディストなどの性格をもつ人間ではなく、あくまでも人が置かれた「状況」や「環境」に原因があると言う。①匿名性のある環境や②権威者と非権威者（服従者）が明確に分かれているとき、さらに③ある環境がその世界で完結しているとき、などの状況では、攻撃行動がいつも以上にエスカレートしやすくなり、まさに「人を悪魔に変える」可能性があると言う。（池田　浩）

39

少数者の存在が集団や組織を動かす

Keywords

少数者影響
一貫性
意思決定
組織変革

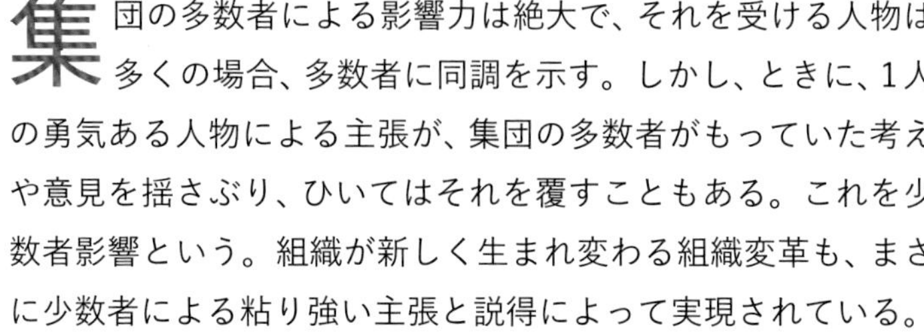

集団の多数者による影響力は絶大で、それを受ける人物は多くの場合、多数者に同調を示す。しかし、ときに、1人の勇気ある人物による主張が、集団の多数者がもっていた考えや意見を揺さぶり、ひいてはそれを覆すこともある。これを少数者影響という。組織が新しく生まれ変わる組織変革も、まさに少数者による粘り強い主張と説得によって実現されている。

1人の主張が集団全体の判断を覆す

古典的な名画『12人の怒れる男』(1957年、主演:ヘンリー・フォンダ)はご存じだろうか。スラム街で起きた殺人事件の裁判において、陪審員として集められた12人の男たちが、父親殺しによって裁判にかけられている少年が有罪か否かを評決するという映画である。12人全員一致の決定によって、有罪であれば死刑、無罪であれば釈放という状況の中、一連の裁判での証拠や証言などから有罪の可能性は非常に高く、ほとんどの陪審員は有罪が確定的であると断定していた。しかし、8番の陪審員を務める建築家の男だけは、12人中11人が有罪であると主張する中、彼が本当に有罪なのか考えようと言い始める。当然、8番の陪審員には強烈な集団圧力がかかる。なぜ、有罪に違いない評決をわざわざ考え直す必要があるのだろうか。考えるだけ時間の無駄で、スラム出身の少年はクロ(有罪)で間違いない、という考えが集団内に流れていた。

8番の陪審員は、集団の多数者が確定的と思い込んでいた証拠一つ一つに疑うべき点があることを論理的かつ説得的に主張する。例えば、犯行に使用された珍しい飛び出しナイフも、殺人があった数日前に少年が購入し、それを売った店の主人も今までに見たこともないナイフであると証言し、少年が犯人であると確定する有力な証拠と見られていた。しかし、8番の陪審員は、評決を決める数日前に、殺人現場の近所を散歩しているときに近くの雑貨屋で同じ飛び出しナイフを購入し、それを他の陪審員の目の前で披露する。ナイフの「珍しさ」が、少年が犯人であることを裏付ける証拠と見られていたが、近くの雑貨屋でも購入できることを8番の陪審員が示したことで、その証拠をもって有罪と判断するだけの根拠が揺らいでいく。

その他にも、有罪と見られていた証拠や証言の矛盾点などを丁寧に主張し続けることで、一人また一人と有罪から無罪に意見を変え、最終的には12人全員が「無罪」と判断するようになる。

少数者影響が生じる条件

アッシュの同調実験（➡36）は、集団の多数者による影響や集団圧力が、少数者の同調を引き起こすものであった。これを多数者影響という。

しかし、それとは逆の影響過程として、集団の少数者が多数者に影響を及ぼすことも現実的には起こりうる。上述の『12人の怒れる男』のような場面だけでなく、組織がこれまでとは異なって大きく変わる組織変革や、私たちの身近なところでもこれまでの慣例や慣習を変えるときにも、集団や組織の少数者が多数者に働きかけることから始まる。では、少数者はどうすれば多数者にうまく影響を及ぼすことができるのだろうか。

この少数者影響を先駆的に実証したのが、フランスの社会心理学者セルジュ・モスコヴィッシらである。「ブルー・グリーン・パラダイム」とよばれる彼らの実験は、アッシュが行った同調実験と同じような状況において、実験者が提示するスライドの色を判断する課題であったが、どのスライドもほとんどの人が「ブルー」と判断するものだった。モスコヴィッシらの実験は、6人集団で実験に参加したが、そのうち2名が実験協力者（サクラ）であり、4人が本当の実験参加者であった。そして、36枚のスライドの色を判断する際、1つの条件では、2人の実験協力者（サクラ）は一貫して「グリーン」と判断（一貫条件）し、別の条件では2人の実験協力者は36枚中24枚（3分の2）をグリーンと判断した（非一貫条件）。

その結果、まったく実験協力者がおらず、純粋に実験参加者のみで参加した統制条件では、グリーンと判断した人の割合は0.25%だった。次いで、非一貫条件の下では4人の実験参加者でグリーンと判断した人の割合はわずか1.25%にとどまっていたのに対し、2人の実験協力者が一貫して「グリーン」と判断した一貫条件の下では残りの4人の実験参加者で「グリーン」と判断した人は8.42%だった。

少数者影響に関する実験

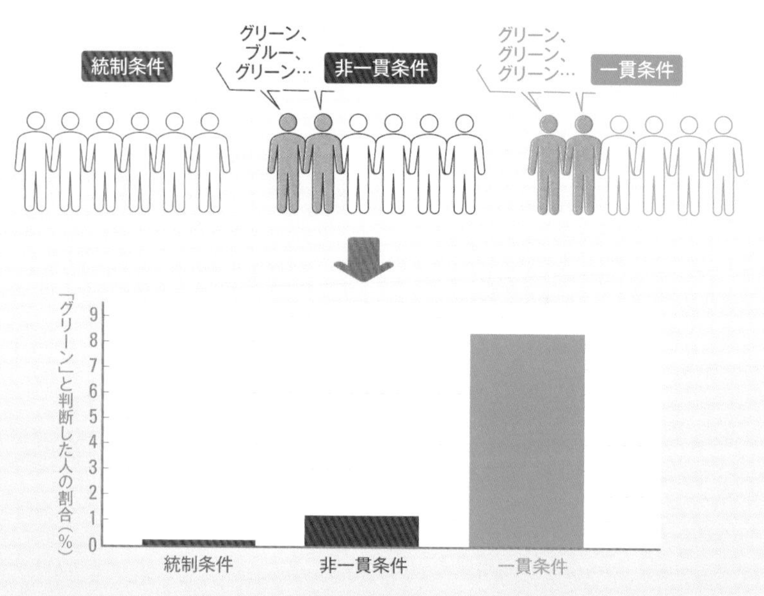

モスコヴィッシの実験の結果からは、少数者の意見が影響力をもつためには「一貫性」が極めて重要であることが見えてくる。

これらの実験結果から、モスコヴィッシらは、少数者が影響力を発揮するためには、自らの意見や考えを「一貫して」主張し続けることが重要であることを結論づけている。

少数者影響が組織変革を導く

モスコヴィッシらの実験を踏まえると、少数者が多数者に影響を及ぼすためには、少数者による主張の「一貫性」が重要であった。ただし、ただ単に自らの考えを主張し続ければ良いというわけではない。その主張が論理的で説得的である必要がある。そのときに、多数者の既存の考えや思い込み、価値観を揺さぶり、それを変容することが可能になる。

少数者影響は、それが効果的になされることで、多数者の認知的変容を引き起こす。こうした効果を考えると、集団や組織において、同じような考えばかりをもつ多数者だけでなく、異なる価値観や考え、意見をもつ少数者が存在することは、集団や組織を健全に維持するうえでも貴重であると言える。

『12人の怒れる男』が示すように、集団で意思決定を行うときには、同じ考えや価値観をもつメンバーばかりで集団が構成されていると、十分に討議せずに直感的に判断してしまう危険性を秘めている。その意味で、少数者の存在は、集団や組織の視野を広げ、多角的な視点をもたらして、適切な意思決定に導くと言える。

また、少数者影響は、ときに集団や組織の変革、イノベーションが生まれるための原型になるとも言える。とくに、組織の変革を導く「変革型リーダーシップ」(➡48)においては、リーダーが変革を唱えたとしても、多数者である組織のメンバーはそれをすぐに受け入れるのではなく、変化に対する心理的抵抗を示すことが一般的である。変革型リーダーは、その心理的抵抗を和らげ、そして変革へのビジョンの意義と重要性を説得的に、そして一貫して主張していくことが求められるだろう。

（池田　浩）

少数者の存在が
集団や組織を動かす

「三人寄れば文殊の知恵」は本当か

ブレーンストーミング
集団の創造性
ダイバーシティ
知識や情報の共有
課題葛藤

「三人寄れば文殊の知恵」とは、1人の優秀な人材よりも、凡人が3人集まったほうが良い考えが浮かぶ、という諺である。こうした言い伝えは、世界中で経験的に知られており、政府や自治体の意思決定機関、企業などの新規アイディアを考案することが求められるプロジェクトチームなどで活かされている。しかし、こうした集団に対する期待とは反対に、実際にはうまくいかないことも多い。「三人寄れば文殊の知恵」は本当なのだろうか。

集団で創造的なアイディアを生み出す技法

創造的なアイディアは、個人よりもむしろ集団で生まれやすいことに気づいたのは、実は学術界ではなく、実務界である。1950年代にアメリカの広告会社BBDO社の社長であったアレックス・オズボーン氏がデザイナーやコピーライター、営業担当者を集めて、自由に広告の発想をするための集団での創造的なアイディアの発想法として「ブレーンストーミング」を考案した。ブレーンストーミングの大きな特徴は、集団でアイディアを発想するための4つのルールにある。

第1は、「質より量」を重視することであり、とにかく多くのアイディアを出せるだけ出すことである。第2は「自由な展開」として、既成事実や固定観念にとらわれず、自由にアイディアを創出することが奨励される。第3は「判断の先送り」で、メンバーが発案したアイディアを決して評価・批判しないことである。そして最後の第4は「組合せと改良」である。すなわち、あるメンバーが発案したアイディアに、他のメンバーが便乗して工夫を加え、新しいアイディアを連鎖的に生み出していくことである。こうしたブレーンストーミングの発想法は、広く受け入れられ、実務界だけでなく教育現場などで広く活用されている。

集団の力は個の集まりを凌駕するのか

では、ブレーンストーミングは本当に効果的なのだろうか。集団心理学の研究では、ブレーンストーミングが、集団でのアイディアの発想を高めるのかが何度も実験的に検証されている。例えば、ドナルド・テイラーらの実験では、4人が対面でアイディアを出し合う「集団条件」と、同じ4人であるが、互いに相互作用せずに、個別にアイディアを出す「個別条件」（名義集団）を比較検討している（図）。その結果を見ると、集団条件よりも個別条件である名義集団の方がアイディアの数は多く、さらにアイディアの質（創造性の度合い）も高い。

この他にも、同様の実験が繰り返し検証されている。マイケル・ディールらは、オズボーンがブレーンストーミングを提唱してから30年余りに

ブレーンストーミングの効果に関する実験

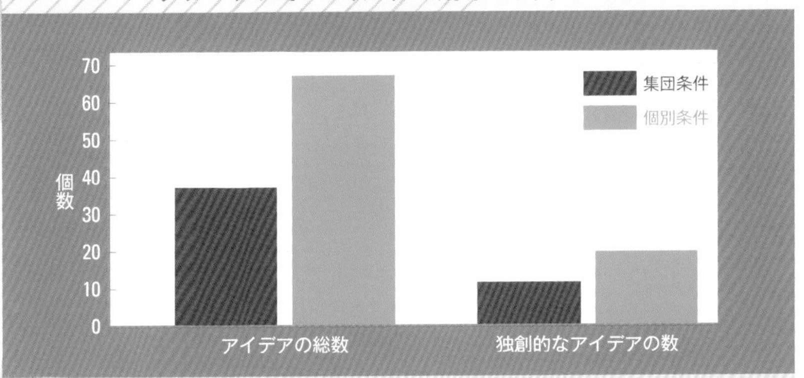

テイラーらの研究によれば、集団条件よりも個別条件の方が、アイデアの総数も独創的なアイデアの数も多く、質・量ともに個別条件の方が優れていた。

渡る集団創造性研究を整理したところ、22の研究のうち、18の研究で名義集団がアイディアの量の面で優れており、残り4研究は集団条件の方が優れているものの、相対的に見てより対面的で相互作用の多い集団は、アイディアの数や質で名義集団を上回ることはできていない。では、「三人寄れば文殊の知恵」は認められないのだろうか。

なぜ、対面的な集団で創造性が生まれにくいのか。その原因として、ディールらは、集団創造性を損ねる原因として3つを挙げている。

1つは「生産性ブロッキング」である。つまり、対面的な集団では、誰かがアイディアを思いついたとしても、別のメンバーがアイディアを表明していれば、発言できない。言い換えると発言が「ブロッキング」されてしまう。そのため、アイディアを表明できない時間的なロスが生じるだけでなく、ややもすれば思いついていたアイディアを忘れてしまうこともある。

2つ目は「評価懸念」である。対面場面では、アイディアを思いついたとしても、それが他の人からどのように評価されるのか気になるとアイディアを表明することにためらいが生まれる。

3つ目は、「ただ乗り」（フリーライダー➡47）である。自分は一生懸命にアイディアを考えず、他のメンバーが発案したアイディアに頼ることが生じてしまう。

こうした3つの原因は、名義集団では構造的に起こりえないため、実験では名義集団の方が良い成績になると言える。

どうすれば集団の創造性は生まれるのか

集団創造性について、ディールらが指摘する3つの原因はぜひとも克服する必要があるだろう。一方で、実験場面で対面でアイディアを出し合う集団は名義集団を上回る結果を得られていないが、そこにはその場限りで人が集められ課題に取り組む実験場面と、現実の集団や組織において特定の目標に向けて取り組む現実場面との乖離があることは否め

集団の創造性を高めるための3つの要件

❶ ダイバーシティ…メンバーの多様な知識・経験

❷ 知識や情報の共有…メンバー間のコミュニケーション

❸ 課題葛藤…メンバーは考えや意見、情報をぶつけ合う

集団で創造的なアイディアを生み出すためにはこれらの要件が必要だと考えられる。

ない。

また、通常、集団創造性研究の実験では、アイディアを思いついただけ創出し、それらの量（アイディアの数）と質（斬新さ、面白さ、実用性の3指標から評価される）も事後的に評価される。しかし、現実の集団やチーム、組織では、複数のアイディアを創出し、それらを練り上げ、そして複数の候補となるアイディアから1つに絞り込む過程が存在する。実験ではそこまでは必ずしも実証できていない。

なお、集団の創造性を高めるためには、創造的なアイディアが生まれるプロセスから考えると3つの要件が必要である。1つは、創造的なアイディアが産まれる源泉は、やはり集団を構成するメンバーがもつ多様な知識や経験である。つまり、集団内でいかに知識の多様性に関わる「ダイバーシティ」が備わっているかが重要である。

2つ目に、たとえ集団メンバーがそれぞれ多様な知識を備えていたとしても、それを集団内で表明し、それを互いにぶつけ合わなければ、より斬新なアイディアは生まれない。すなわち、「知識や情報の共有」が求められる。

そして3つ目に、共有した知識や情報を集団内でぶつけ合う「葛藤」が不可欠である。この葛藤においては、メンバー同士の価値観や性格などが対立する「関係葛藤」ではなく、考えや意見、情報をぶつけ合う「課題葛藤」を引き出す必要がある。（池田　浩）

集団は適切な意思決定を行えるのか

Keywords
集団意思決定
集団極化現象
リスキーシフト
集団浅慮

私たちが所属する学校や会社、コミュニティでは、特定の人物が1人で集団の方針や重要事項を決定しているわけではなく、集団の複数のメンバーで討議して決定を下している。それは、1人で決定してしまうと独断で偏った決定になる可能性があるからであり、集団であれば民意が反映されてより良い決定になるだろうという考えが根底にあるからである。はたして、集団では適切な意思決定ができるのだろうか。

集団で話し合うとかえって極端な決定になる：集団極化現象

想像してほしい。大学進学する際、模試の結果から極めて合格率が低いものの浪人生活を覚悟で志望している名門大学をねらうか、あるいは手堅く合格が確実視される大学を受験するのか、仮にあなたが当事者とすればどちらを選ぶだろうか。また、家族で話し合うとどのような結論に落ち着くだろうか。

仮に個々人が極端な価値観や考え方をもっていたとしても、集団で話し合えば、多様な価値観が存在するため、個人の極端な考えが緩和され、集団全体の民意が反映された中庸な決定になると考えられがちである。そこに集団で意思決定を行うことの意義があると考えられている。しかし、その期待は、1本の修士論文によって覆されることになる。

ジェームズ・ストーナーは、マサチューセッツ工科大学に提出した修士論文で、集団の決定は個人のそれよりもリスキーになることを実証した。彼は、6人の実験参加者を集め、まず表に示すような「選択のジレンマ」と呼ばれるシナリオを読んで、個

リスキーシフト

（1）Aは電気技師、大学卒業以降5年間電気関係の大手会社に勤めていて妻子もある。月給も多くはないが親子の生活には充分だし、定年退職後の年金もかなりもらえる。しかし定年まで月給が現在より大幅に増える見込みはない。ある日、友人を通して、新設の小会社からスカウトの口がかかってきた。月給は今よりはるかに多いし、将来会社が大きくなれば重役にもなれるという。しかし会社が大会社との競争に勝ち抜いて成功するかどうかはわからない。リスクはかなり大きい。…… ……もし、あなたがAさんから相談を受けたとしたら、その新設会社が成功する公算はどの程度だと思いますか？ 少なくともどの程度の公算がなければ、A氏は勧誘に応ずるべきではないと考えますか？	会社が成功する確率が10に1つの場合。 会社が成功する確率が10に3つの場合。 会社が成功する確率が10に5つの場合。 会社が成功する確率が10に7つの場合。 会社が成功する確率が10に9つの場合。 いずれの場合でも、会社を辞めるべきではない。

ストーナーの実験では、人生の岐路の場面についてのシナリオを読んで、どのような選択をするかの判断を求められた。その結果、事前の個人での判断よりも集団での討議による判断の方が、よりリスキーな判断が行われる傾向が見られた。

人ごとに回答してもらい、次いで6人の集団で討議して、集団として一つの意思決定を行うように求めた。そして最後に、もう一度、同じ選択ジレンマのシナリオを読み、個人としての判断を求めた。

その結果、集団で意思決定を行う前の個人決定の平均値と集団決定を比較すると、集団の方が成功確率の低いリスキーな選択を行う傾向が見られた。つまり、表のシナリオでは、集団で話し合ったときほど、成功の確率が少なくとも、あえて挑戦すべきだという方向に結論が落ち着いたのである。ストーナーは、このように、個人よりも集団で討議をするとかえってリスキーな決定になりやすいことを「リスキー・シフト」と名付けた。

ストーナーの論文は未発表だったが、彼の修士論文の審査に当たったマイケル・ワラックらがストーナーの研究を追試するとともに、さらに発展させた。彼らは、表のような「選択ジレンマ」について複数のシナリオを用意して、繰り返し実験を行ったところ、シナリオの中にはリスキーな方向に傾かず、逆に個人決定よりも集団決定の方が安全志向で用

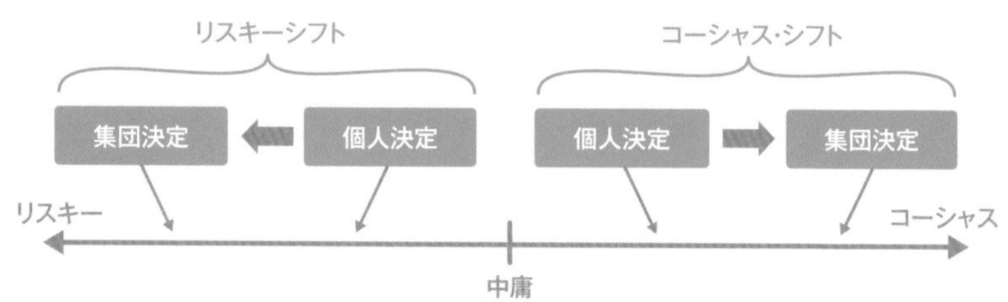

リスキーな方向であるにせよコーシャスな方向であるにせよ、集団での討議を経ることでより極端な判断に傾くと考えられている。

心深い「コーシャス」な方向にシフトするものもあったのである。

こうして、上記の研究では、最初の個人決定がリスキーな方向であれば、集団で討議するとよりリスキーに傾き、逆に個人決定がコーシャスな方向であれば、集団討議によってさらにコーシャスに傾くことを示しており、個人の決定よりも集団討議の方がより極端な決定が下される可能性を示している。これを「集団極化現象」と呼ぶ。

では、なぜ集団で討議をするとかえって、極端な決定になるのだろうか。そこには、大きく2つの理由が関わっている。1つは「説得的論拠」と呼ばれ、私たちは集団討議において、集団の中の多様な意見から、自分の意見を支持するものや、それを支持する説得的な論拠に触れることで、さらに自分の意見や立場に確信をもち、集団決定がより極端な方向に傾くようになる。もう1つは「社会的比較」であり、集団において他のメンバーよりも、自分の立場や意見をより際立たせようとし、さらに極端な意見を主張するようになるというものである。

集団が愚かな決定をするとき：集団浅慮

また、集団による意思決定は、有能で分別のあるメンバーで行えば優れた決定になると一般的に信じられている。しかし、必ずしも期待される意思決定が行われるとは限らない。集団による意思決定は、メンバー同士の相互作用を要するが、それは真空の空間で行われているのではなく、プレッシャーやメンバー同士の結びつきの強さ、あるいは強力なリーダーの存在など、様々な影響を受けながら集団による討議が行われ、最終的に意思決定がなされる。そのため、ときに有能なメンバーが集まっているにもかかわらず、愚かな決定になることさえある。

アメリカの社会心理学者であるアーヴィング・ジャニスは、1960年代に起きたケネディ政権によるキューバ・ピッグス湾侵攻やトルーマン政権において朝鮮戦争での38度線突破を決断した北朝鮮侵攻などの事例をもとに、歴史上の重大な政策失敗の事例を検討している。その結果、①非常に団結力があり、凝集性が高い集団では、意見の一致を強く求める傾向があり、また②各メンバーから平等に発言する機会を与えるリーダーシップが欠如し、さらに③自分たちの集団を過信し、④外的な脅威など圧力が存在するときに、集団で愚かな決定に至ってしまう可能性があることを指摘している。そして、ジャニスはこうした現象を「集団浅慮」(集団思考や集団性脳炎とも訳される)と呼んだ。

では、どうすれば集団浅慮を防ぐことができるのだろうか。1つは、リーダーが最初から自分の意見や希望などの立場を明らかにしないことがあげられる。リーダーが先に意見を表明してしまうと、メンバーはたとえ疑問や反対意見を持っていたとしてもそれを表明することが難しくなり、メンバーからの多様な意見が引き出されなくなってしまうからである。2つ目は、リーダーはメンバーが反対意見や疑問点を出すことを勧めることである。集団で適切な意思決定を行うためには、多角的な視点や意見が欠かせない。あえて反対意見や疑問点を出すことは、視野を広げてくれる役割を持つ。また、3つ目は、集団内に逸脱者の役割をとる人を設けることである。これは、多数者の意見を批判する役である。これも偏った方向に意見が収束することを防いでくれる。最後の4つ目は、同じ問題について、複数の集団に意思決定させることで、ある集団の意思決定が妥当であったかを判断することができるだろう。(池田　浩)

「裸の王様」現象はなぜ起こるのか

多元的無知
集団浅慮
沈黙の螺旋

私たちは、集団や社会で共有している規範を認識すると、それに沿った判断や行動を行う。しかし、その規範は本当に正しいのだろうか。私たちは、ときおり、自分はある規範について否定的な態度をもっているが、他の人々は皆の規範に従っているため肯定的な態度をもっているだろうと知覚することがある。しかし、実は他の人々も皆その規範に対して否定的な態度であるとすれば、各々が周りを気にして自分の態度を表明しないことにより、結果として社会や集団の人々にとって好まざる規範が維持されてしまうことになる。こうした現象のことを「多元的無知（集合的無知）」と呼ぶ。

「裸の王様」に見られる集合的な無知現象

アンデルセンの童話に「裸の王様」という話がある。この童話の主人公は、この上なく洋服が好きな王様である。ある日、2人の詐欺師が町にやってきて、人々に自分たちは布織り職人で、「自分にふさわしくない仕事をしている人や、愚かな人には見えない布」といういかにも珍しい布を織ることができると言い張り、その噂が瞬く間に王様の耳に入った。

王様は、早速、2人にその珍しい布を織り、洋服を作るように命じた。詐欺師は、何日もかけて機織り機で布を仕立てていたが、どうしてもその布が見たい王様は家来に様子を見に行かせた。ところが、家来には、詐欺師が機織り機に向かって布を仕立てている様子は見えるが、肝心な布は見当たらない。なぜなら、本当は、詐欺師は嘘をついていてそうした布はないからである。

ところが、家来は、自分がこの仕事にふさわしくない、愚かな人間であると思われたくないため、あたかも布が見えるかのように「素晴らしい出来映えだ」と偽って絶賛した。そして、また別の家来も同様に見えもしない布を絶賛したのだった。

ようやく王様の洋服が完成して、王様のところに届けられた。王様にも詐欺師が作った洋服は見えない。しかし、王様である自分が、この地位にふさわしくない愚かな人間であると思われたくないために、やはり「素晴らしい出来映えだ」と絶賛したのだった。

さて、ある日、王様は、この珍しい布で作った洋服をまとって、国民の前でパレードをすることになった。実際には洋服などないため、王様は下着のみを着けた裸の状態であった。周りの家来も、本当は洋服など見えていないが、あたかも洋服が見えているかのように振るまい、王様に賛辞の言葉を送るのだった。

パレードが始まり、国民は、裸の状態で現れた王様を見てざわつき始める。そして、ある子どもがはじめて「王様は裸だ」と叫び、王様はもとより周りの家来も本当になにも着ていないことに気づくのだった。

多元的無知は何をもたらすか

「裸の王様」の童話に見られる興味深い現象とは、王様をはじめ多くの家来は、本当は自分は布が見えていないにも関わらず、自分以外の人は布が見えていると誤って信じていることである。言い換えると、集団の多くの成員が、自分自身は集団規範を受け入れていないにもかかわらず、他の成員のほとんどがその規範を受け入れていると信じている状況であり、これを「多元的無知（集合的無知）」（➡29）と呼ぶ。

では、多元的無知の現象は、どのような社会現象をもたらすのだろうか。

まず集団場面では、会議や話し合いなどの集団意思決定場面において、不合理な決定を導いてしまう。有能な成員から成る集団において不合理な意思決定や危険な意思決定を導いてしまう現象のことを集団浅慮と呼ぶ(➡41)。この現象が起こる原因の1つとして、多元的無知が関与している。例えば、集団で何らかの決定を下すために集団で討議する場面でリーダーが自らの意向を先に示すとしよう。集団の各成員はそれに反対の意見をもっていたとしても、他の成員が何も反論や意見を発言しなければ、皆がリーダーの意向に賛成していると誤って認識してしまい、結果として集団として本意でない決定を下してしまう。

この現象は、集団の中で反対の声を上げることで、自分が嫌われたり、仲間外れにされたくないという規範的な影響によって起こるものである。我々は、よく「空気を読む」と表現するが、間違った空気を読むことで起こる現象とも言える。

また社会的場面においても、援助すべき緊急性のある場面において、多数の人がいることでかえって援助行動が抑制される(➡29)。その原因として、皆がそろって「他の人は援助していないから、助ける必要はないのでは」と思うという多元的無知が緊急性の認識を歪めさせていることが考えられる。

さらに、昨今の我が国において、身近な社会的場面として取り上げられる男性の育児休暇の問題にも多元的無知が関与している。社会において男性の育児休暇を取得することが奨励されているが、実際の取得率はなかなか上向かない。しかし、実際に子育て世代の男性に尋ねてみると、多くが取得することに賛成である。ではなぜ男性の育児休暇は進まないのだろうか。

社会心理学者の宮島健らの調査によれば、図に示されているように、“自分も他の男性も育休を肯定的に捉えている”と回答した人々(自他ポ

男性の育児休暇取得願望の強さと実際の取得意図

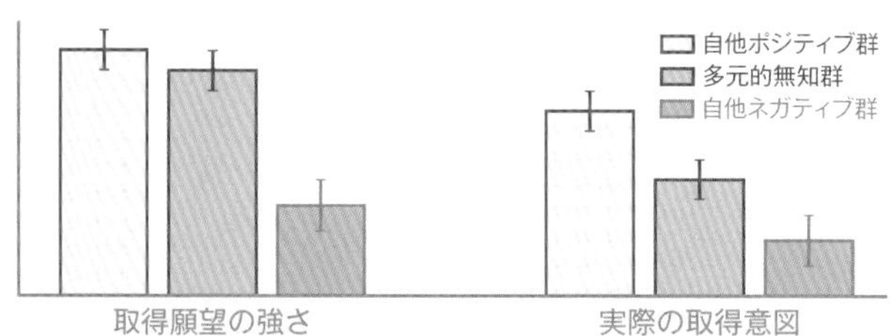

宮島らの調査の結果は、多元的無知に陥っている人ほど、育児休業を取得したいが、周囲は歓迎してくれないだろうと誤って思い込み、行動につながらないことを示している。

ジティブ群）と、“自分は育休に対して肯定的だが、他の男性は否定的だろう”と回答した人々（多元的無知群）とでは、育児休暇の“取得願望の強さ（どれくらい取得したいか）”にほとんど差は見られない。ところが、“実際に子どもが生まれたときの取得意図（実際に取得するかどうか）”は、多元的無知群の方が相対的に低いことがわかる。この結果が示すように、世の中の男性は、多元的無知の状態に陥ることで、育児休暇の取得願望は高いにもかかわらず、職場の周りの男性が育休に否定的だと思い込んでいることで、結果として育休取得を控えてしまうことがわかる。

世論に見られる沈黙の螺旋

多元的無知の現象が、社会レベルのマクロな規模に発展すると、世論の形成にも影響を及ぼしてしまう。ドイツの政治学者エリザベート・ノエル＝ノイマンが社会における意見の多数派の形成に関する理論として提唱した「沈黙の螺旋」理論は、まさに多元的無知のマクロ現象として位置づけることができるだろう。沈黙の螺旋理論における「世論」とは、ある政治的意見が人々の耳に聞こえてくることによって多数派が形成される、ということを前提としている。そして、2派もしくは3派以上の政治的に対立する意見において、どちらが多数派として聞こえてくるか（認識されるか）が後続して世論形成につながるダイナミズムを生む。

すなわち、自説がマスメディアなどを通じて、社会や周辺の中で多数派として聞こえてくる場合には、さらに公然と自説を主張しやすい。逆に自説が少数派として聞こえてくると、劣勢に立たされていると認識して自説を主張することにためらいが生まれてくる。なぜなら、人は社会的孤立を恐れるからである。したがって、多数派の意見は実際以上に優勢に、少数派は実際よりも劣勢に見えるようになり、ますます表明しにくくなる。そして、こうした状態が繰り返されると（螺旋過程）、当初は拮抗する意見であったとしても、結果として大きな差が生まれてしまい、多数派が形成されるのである。

（池田　浩）

43

個々の合理的な行動が社会全体を蝕む

社会的ジレンマ
囚人のジレンマ
応報戦略
信頼

社会においては、一人ひとりが自分の利益になる合理的な行動を選択していくと、それがかえって社会全体で大きな不利益をもたらすことがある。こうした社会的ジレンマはどのように克服することができるのだろうか。

個の利益追求は社会に不利益をもたらす：社会的ジレンマ

近頃の夏は、厳しい暑さが続いている。気温が35°Cを超える猛暑日はもはや珍しくなくなった。この猛暑異変は様々な原因が考えられるが、例えば暑い日に皆が昼夜問わずに冷房を使用すると、室外機からは熱を排出し続けるために外の気温はさらに上昇する。それによって冷房が効きづらくなり、ますます冷房を強めることになる。

このように個々人にとって望ましい行動が集団や社会にはかえって不利益をもたらすことを「社会的ジレンマ」と呼ぶ（➡30）。この現象は生物学者であるギャレット・ハーディンが「共有地の悲劇」と題する論文を発表したことで多くの関心を集めるようになった。この論文によれば、中世ヨーロッパでは、村に共同の牧草地があり、誰でも自由に自分の家畜を飼うことができた。しかし、羊飼いが自分の利益を上げるために限度を超えて羊を放牧し続けると、かえって牧草地が荒廃してしまい、誰もが家畜を失ってしまうという悲劇的な結末が紹介されている。

この共有地の悲劇は、社会的ジレンマの問題をうまく言い表し、現在の多くの社会問題に通じるものである。例えば、街中のゴミのポイ捨てや生活排水による海や川の汚染、車の大気汚染、

共有地の悲劇

ハーディンによれば、共同の放牧地において個々の羊飼いが自分の羊を過剰に放牧すると、牧草が枯渇してしまい皆が羊を飼えなくなってしまう。個々人が自らの利益を追求することが全体にとっての不利益につながる「社会的ジレンマ」の状況と言える。

地球温暖化など、多くの社会問題は社会的ジレンマと同じ構造である。

囚人のジレンマ

社会的ジレンマと同じ構造を、2者関係で表したのが「囚人のジレンマ」である（➡30）。囚人のジレンマとは次のような話である。ある強盗事件の容疑で2人の男が逮捕されたが、2人の男が共犯であるという証拠はない。そのため、2人を別々に取り調べ、それぞれに次のような司法取引を持ちかけた。「相手より先に自白すればお前の刑を1年にしてやる。ただし、相手は15年の刑だ。もし、お前が自白し、相手も自白した場合は2人とも懲役10年の刑だ。もしお前が黙秘を続け、相手も黙秘を続けた場合2人とも3年の刑だ。もし、お前が黙秘を続けて、相手が自白すれば、さっきとは逆だ。お前は懲役15年で、相手は懲役1年だ」。以上の話をまとめると表のようになる。

これを囚人の視点から考えると、自白は相手に対する裏切り（非協力）となり、黙秘は相手に対する協力となる。すなわち、囚人のジレンマは、お互いに直接コミュニケーションがとれない状況で相手に協力するか否か（裏切るか）を選択することになる。

囚人のジレンマ

自分＼相手	黙秘（協力）	自白（非協力）
黙秘（協力）	3年／3年	15年／1年
自白（非協力）	1年／15年	10年／10年

斜線の左下が自分の刑の年数、右上が相手の刑の年数を示す。こうした条件の下で、両者が互いに、相手に協力するのか、相手を裏切る（非協力）のかの選択を行う。こうした選択を一度限りで行うのか、繰り返し行うのかによっても、選択行動の傾向は変わってくる。

実は、利益を最大化するためには、どちらを選択すべきか自明である。仮に、相手が自白する場合、自分も自白すれば懲役10年であり、黙秘すれば15年となる。すなわち、この場合、相手を裏切り自白する（非協力）する方が得である。

一方で、相手が協力して黙秘を選んだ場合はどうだろう。自分も協力して黙秘を選択すれば懲役3年だが、自分は裏切り自白すれば懲役1年ですむ。やはりこの場合も、相手を裏切り自白する方が得である。

しかし、これはあくまでも片方からの視点であり、お互いに自分の利益を考え、相手を裏切る（自白）ことを選択したらお互いに懲役10年となってしまう（2人あわせて20年）。それに対して、お互いに相手に協力して黙秘を選べば、お互いに懲役3年となり、2人の集団全体の利益は最大化することになる（2人あわせて6年）。

この課題では、一度限りの囚人のジレンマでは、自白する（お互いに裏切る）状態が得となり、この課題の参加者全員が互いに最適の戦略を選択し、これ以上自らの戦略を変更する動機がない安定的な状態（均衡状態）になることから、この状態を数学者のジョン・フォーブス・ナッシュの名前になぞらえて「ナッシュ均衡」と呼ばれている。

ところが、繰り返し課題を行う場合は、お互いに自白（裏切り）し続けると、かえって大きな不利益を被ることになることから、協力が選択されやすくなる。政治学者のロバート・アクセルロッドは、繰り返し課題でどのような戦略が最適かを検討したところ、「最初は協力を選択し、それ以降は相手が前回協力していれば協力し、非協力であれば協力しない」という応報戦略が有効であることを示している。

このように、それぞれが自分の利益を最大化することばかりを考えて、相手を裏切るようになると、それぞれが大きな不利益を被ることになる。そのため、集団全体、ひいては社会全体で利益を最大化するためには、それぞれがお互いに協力する必要がある。

社会的ジレンマを解決するために

囚人のジレンマは2者関係であったが、これが複数の人が関与する社会的ジレンマの場合にはさらに複雑な構造となる。社会全体の利益を考えて、人々を協力させる方法はないのだろうか。

1つには、サンクション・システムによる解決がある。これは、個人にとって非協力よりも、協力する方が好ましいように構造を変えることである。すなわち、非協力の場合には罰を、協力した場合には報酬を与えることで可能になる。しかし、この場合新たな問題が発生する。このサンクション・システムのコストを誰が負担するかである。つまり、誰かが非協力を監視しなければならず、誰も監視しないとシステム自体が維持できなくなってしまう。ここで新たな社会的ジレンマ（二次的ジレンマ）が生じてしまうことになる。

2つ目は、「信頼」による解決である。先に繰り返しの課題において、最適な戦略は応報戦略であることを示した。これは、相手に協力行動をとらせるために、自分も協力行動をとるというものである。ここで、人々を協力行動に導くためには、自分が協力を望むことだけでなく、他のみんなもそう望んでいると信じられるかが大事である。すなわち、みんなも協力を望んでいるだろうという「信頼」こそが社会的ジレンマを解決するための重要なキーワードとなる。

（池田　浩）

44

なぜ集団同士の争いが生まれるのか

Keywords
集団間葛藤
内集団びいき
外集団差別
社会的アイデンティティ

私たちの日常を見渡すと、国家同士の争いや宗教や民族に基づく紛争、スポーツチーム同士の乱闘など、集団同士の争いや葛藤が絶えない。なぜそうした争いが生まれるのだろうか。争いを乗り越え、集団同士が協力し合い、協調することはできるのだろうか。

集団同士が争うとき

人類の歴史を振り返ると、それは国家間や民族や宗教など様々な集団同士の争いの歴史であるとも言える。現代社会においても、日々のニュースでは、国家間で資源を巡る争いや宗教に端を発する紛争やテロなどが報じられている。さらに我々に身近なところでも、スポーツチーム同士の試合が白熱して、両チームのサポーターが罵り合うことも珍しくない。

こうした集団同士が争ったり対立する集団間葛藤はなぜ生じるのだろうか。その原因の1つに、集団同士の争いは、片方の集団が資源を獲得すると、もう片方の集団が損をするためであると言える。これを現実葛藤理論と呼ぶ。海洋資源を巡る国家間の紛争や領土問題などは、まさにこの問題の典型的な例と言える。

また、同調実験（➡36）で著名な社会心理学者ムザファー・シェリフらのサマーキャンプ実験も古典的ではあるが、現実葛藤理論を実際の子どもたちの集団を対象にしてうまく例証している点で示唆に富むものである。この実験は、3つの段階に分けられている。第1段階の「集団形成期」では、子どもたちを2

サマーキャンプ実験

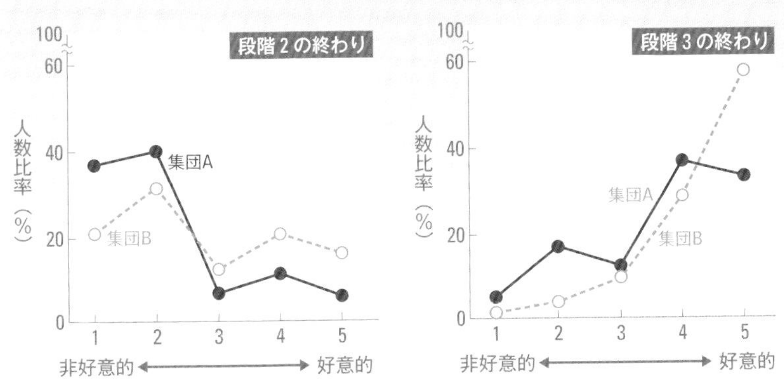

シェリフらの実験の、第2段階と第3段階が終わったときに、相手集団のメンバーに対する好意度を5段階で評価させた結果で、それぞれの評定値の人数比率を示している。
集団同士での敵対的行動が発生した第2段階では、集団Aおよび集団Bともに、非好意的（評定値1や2）の人数比率が多く、好意的の方は少ない。ところが、集団間の葛藤が解消された第3段階では、両集団ともに好意的な評価（評定値4や5）を示した生徒が多数を占めていることがわかる。

つの集団に分けて、サマーキャンプの舞台である泥棒洞窟で共同生活をし、集団内で仲間意識を醸成していった。なお、この段階では、自分たち以外に、他に集団がいることは知らなかった。

次の第2段階の「集団間葛藤期」では、2つの集団を引き合わせ、ソフトボールなど集団対抗形式の種々の競技を行わせながら、勝利した集団全員には希少価値のある資源が与えられた。これによって、片方の集団だけが資源を得ることになり、集団間で敵意が増加し、互いに罵りや嫌がらせなど敵対的行動が発生するようになった。なお、2つの集団は、一緒に映画を観たり、一緒に食事をしたりしたものの、敵対的関係が和らぐことなく、失敗に終わっている。

第3段階の「集団間葛藤解消期」では、食料を積んだトラックが溝にはまり2つの集団が共同で問題解決に当たらないことには食料が得られなくなる状況に直面した。そのとき、2つの集団にとって互いに協力することが求められる「集団間の上位目標」が設定され、実際に協力し合うことで、2つの集団は友好的なものになった。

形だけの集団でも差別は起こるのか

シェリフらの実験は、現実に起こっている集団間の葛藤の事例をうまく例証するとともに、それを克服するための解決策も示唆している。しかし一方で、集団同士の資源の奪い合いなどの葛藤がなくとも、単に集団と集団を分ける社会的カテゴリー化が存在するだけで、外集団に対して否定的評価が生まれることが、イギリスの社会心理学者ヘンリー・タジフェルらの実験で示されている。

タジフェルらは、「人の判断について調べる」という名目の下で、初対面の8人の生徒を一室に集め、彼らにスクリーンに映し出された多くの点を見せ、その数を推測させる実験を複数行った。そして、別の判断課題を行う際、先の点の数を推測させる課題の結果に基づいて便宜的に、点の数を多めに推測した人々（過大推測集団）と少なめに推測した人々（過小推測集団）の2つの集団に分けられた。

その上で次の判断課題では、自分と同じ内集団のメンバーと別の外集団のメンバーに図にあるような報酬分配マトリックスに基づいて、報酬ポイントを分配することが求められた。なお、その報酬ポイントは、実際に実験後に現金に換算されて、実験参加への報酬として渡されると告げ

最小条件集団実験パラダイムで用いられた報酬分配マトリックス

マトリックスA

内集団メンバー	1	2	3	4	5	6	7	8	9	10	11	12	13	14
外集団メンバー	14	13	12	11	10	9	8	7	6	5	4	3	2	1

マトリックスB

内集団メンバー	7	8	9	10	11	12	13	14	15	16	17	18	19
外集団メンバー	1	3	5	7	9	11	13	15	17	19	21	23	25

タジフェルらの実験において用いられた2種類のマトリックス。マトリックスAでは、内集団メンバーの数値は右に行くほど大きくなり、外集団メンバーの数値は右に行くほど小さくなる。したがって、内集団メンバーの数値から外集団メンバーの数値を引いた値は右に行くほど大きくなる。一方、マトリックスBでは、内集団メンバーも外集団メンバーも右に行くほど数値が大きくなるが、同時に、内集団メンバーの数値から外集団メンバーの数値を引いた値は右に行くほど小さくなる。

られていた。また、他の人に報酬を分配する課題であるため、内集団や外集団が誰かわからないよう匿名性が確保されていた。

実験では、生徒たちは、マトリックスAにおいては右側のマトリックスを選ぶ傾向があった。すなわち、お互い誰かわからず、ましてや集団内で相互作用がない「最小条件」の集団状況であるにも関わらず、自分と同じ集団に属している内集団の生徒に多くの利益を分配するようにし（内集団びいき）、一方で外集団のメンバーには利益が最小になるように分配していた（外集団差別）。

さらに興味深いのは、マトリックスBにおける報酬分配の結果である。マトリックスBでは、内集団の生徒に最大の利益を与えるのであれば、一番右端（内集団19、外集団25）を選ぶことになる。ただし、その場合には外集団の生徒にも多くの利益を分配することになる。ところが実験の結果では、左端（内集団7、外集団1）を選ぶ傾向があり、内集団の生徒に分配する利益を減らしてでも、外集団に分配する利益に格差をつけようとしていたことがわかる。

社会的アイデンティティを高めたい

なぜ形だけの集団であっても、人は内集団をひいきする内集団バイアスを示し、外集団を差別するのだろうか。タジフェルとジョン・ターナーは、この実験結果を説明するために「社会的アイデンティティ理論」を提唱している。社会的アイデンティティとは、ある集団（サークル、大学、会社、国家など）に属することによって獲得される自己概念の一部である。そして、人は自分について肯定的評価を得たいという基本的な欲求を備えている。そのため、社会的アイデンティティ理論では、集団間状況において、自分たちが属する内集団が、外集団に対して優位性をもつことを確認することで、自分にとって望ましい社会的アイデンティティを達成・維持し、自尊心を高めようとしていると言える。このことから考えると、外集団に対する差別は自己高揚動機の所産ということになる。（池田　浩）

集団を信じる心が大きな力を発揮する

Keywords
集合的効力感
自己効力感
過去の成功経験
チームの目標設定
リーダーシップ

集団やチームが目標達成するためには、それに向けて一致団結して邁進することが必要である。またそれによって、ときには、期待以上の成果を上げることさえある。こうした集団の力はどうすれば発揮できるのだろうか。その大きな鍵が「集合的効力感」である。

集団への自信をメンバーが共有すること

サッカーや野球など各種チームスポーツを観戦すると、ときにいつも以上に大きな力が発揮されていることがある。例えば、甲子園大会で無名の公立高校が勢いに乗り、強豪校を退けて、上位に進出するケースや、サッカーワールドカップでも大会前の親善試合では苦戦し、チームの立て直しが叫ばれる中、予選リーグ初戦で予想外の勝利を挙げて、躍進するケースなど、枚挙に暇がない。そのチームについてメディアを通して観戦していても、確かにチームのメンバーが一つになり、以前よりもチームとしての力を大きく発揮していることに気づかされる。では、何がチームの力を大きく発揮させるのだろうか。その鍵となるのが、集団やチームに対するメンバーで共有された自信であり、「集合的効力感」と呼ばれるものである。

集合的効力感の概念は、カナダ人の心理学者でスタンフォード大学のアルバート・バンデューラによる「自己効力感」の概念を拡張したものである。自己効力感の考え方では、私たちがある課題に取り組む際、結果予期と効力予期の2つの期待を抱くことを想定している。まず、ある結果を生み出すために必要な

行動をどの程度うまく行うことができるのかという予期のことを「効力予期」と呼び、次いで、ある行動がどのような結果を生み出すのかという予期のことを「結果予期」と呼ぶ。とりわけ、自己効力感は、前者の「効力予期」のことを指している。そして、自己効力感は、モチベーションを高めるだけではなく、課題の達成や成功に不可欠な概念であることが多くの研究で認められている。バンデューラは、自己効力感の概念が、集団レベルにも存在すると考えを拡張し、「集合的効力感」を提案している。この集合的効力感とは、集団の各メンバーが集団に対して抱く可能感のことであり、バンデューラは「集団として、課せられた目標を達成するために必要な能力を統合し、達成に向けて実行するチームメンバー同士の共有した知覚的信念」と説明している。

集合的効力感とは、単に各メンバーが「自分たちの集団はできる」という集団に対する自信をまとめたものではなく、あくまでも集団やチームのメンバーが相互に協力し合い、課題を遂行した経験を通じて、獲得される信念である。その信念は、メンバー一人一人が異なるものではなく、みんなが同じ認識を共有していることが重要なポイントである。そのため、バンデューラは、集合的効力感と名付けているものの、研究者によっては、集団効力感やチーム効力感と呼ぶこともある。

集合的効力感とは

集団の各メンバーが相互に協力し合い、課題を遂行した経験を通じて、「自分たちの集団はできる」という認識を共有することが、集団のパフォーマンスを向上させる。

集団やチームにおいて高い集合的効力感をもつことで、①集団として行動するための多様な選択肢をもつことができ、②集団が効果的な行動を発揮するための努力の程度がまし、さらに③望ましくない結果に対してそれに耐えるための力が生じることが指摘されている。また、過去の多くの研究を統合的に検証したスタンレー・グリーらの研究においても、集合的効力感は集団のパフォーマンス（成績や目標達成度）との強い関連性をもち、なおかつその強い関係は、集団やチームにおいて密接な協力や連携が求められるときに顕著であることも示している。

集合的効力感を高めるためには

では、集団のメンバーが共有して抱く信念としての「集合的効力感」はどのように形成されるのだろうか。バンデューラの自己効力感の研究成果や関連する研究などを総合すると、大きく3つの要因があげられる。

第1は「過去の成功経験」である。バンデューラの自己効力感に関わる研究においても、個人が所与の課題において必要とされる行動を発揮できる可能感としての自己効力感の最も大きな源泉は成功経験であることが示され、多くの研究においても支持されている。確かに、個人だけでなく集団においても、過去に成功した経験があると、後の課題においても自分たちの集団ができるという共有された信念につながると言える。また、冒頭で紹介したスポーツチームの例においても、激戦を勝ち抜くたびにチームが勢いに乗るのは、まさに勝利を収めた成功経験がチームの集合的効力感を高めた結果と言える。

第2は、「チームの目標設定」（➡47）である。チームで目標を設定することは、それを達成しようとする推進力につながる。そのチーム目標が魅力的であったり、またメンバーがその目標を意義あるものとして共感していれば、各メンバーはチームに自信をもつようになる。

第3は、「リーダーシップ」（➡48）による効果である。リーダーシップには大きく2つの機能が考えられる。1つは、第2の「チームの目標設

集合的効力感を生み出すもの

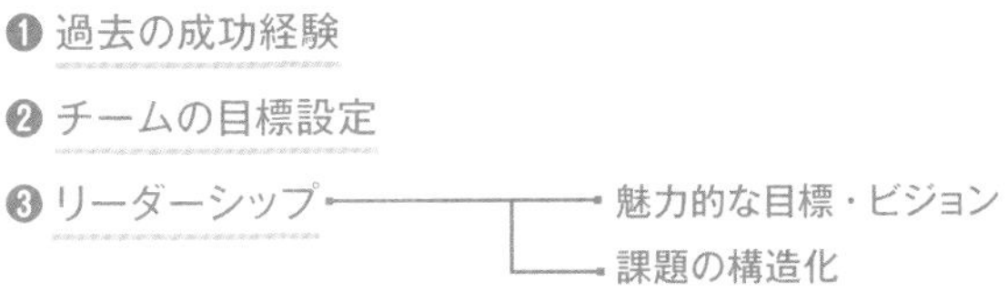

❶ 過去の成功経験
❷ チームの目標設定
❸ リーダーシップ ─┬─ 魅力的な目標・ビジョン
　　　　　　　　　 └─ 課題の構造化

集団にとって極めて重要な集合的効力感が形成されるためには、大きく3つの要因が考えられる。

定」と密接に関連するが、リーダーがチームにとって魅力的な目標やビジョンを掲げることである。スコット・レスターらは、カリスマ的リーダーが明確なビジョンをメンバーに示すことで、チームのメンバーの集合的効力感を醸成する機能があることを実証している。もう1つの機能は、課題の構造化である。すなわち、リーダーが課題の内容や手続きを具体化し、各メンバーの役割を明確化し、そしてチームとしてどのように課題を遂行していくかの道筋をチームに示すことが、集合的効力感の形成につながると言える。集団やチームとして課題をどう遂行していくかの道筋やシナリオが明確に描けなければ、期待される成果を見込むことができない。もし、課題遂行の道筋やシナリオなしに、チーム全体で自信をもっているとすれば、それは集合的な「過信」とも言える。

有能なメンバーからなる集団であっても、ときに愚かな意思決定に至る現象を「集団浅慮」(➡41)と呼ぶ。それが起こる心理的な背景には、「自分たちはうまくいくはず」という集団の過剰な自信が、事態の把握や状況の認識を曇らせてしまうことがある。個人のみならず、集団やチームにおいても明確な成功体験に加えて、新たな課題においてもそれを達成するための道筋やシナリオを明確に共有する「根拠のある」集合的効力感が必要と言えるだろう。

(池田　浩)

チームワークを発揮する

チームワーク
チームワーク行動
チーム志向性
チーム効力感
チームメンタルモデル

私たちが所属する集団や組織では円滑な協力や連携が求められている。企業組織などの職場においても、最近では一人で完結する仕事は少なくなり、チームとしてお互いに連携したり、ともに力を合わせないと仕事が進まないことも少なくない。さらには、個人の総和以上の力を発揮して、職場として困難な問題を解決することが求められることもある。

ところが、多くの人が経験したことがあるように、いざチームで活動をしようとしたとして、「あ・うんの呼吸」とも称されるチームワークを発揮することは難しい。その原因の1つは多様性である。チームは、異なる価値観や経験、地位や年齢などをもったメンバーから構成される。そのためチームで目標などを共有するどころか、お互いに壁や溝を産み出してしまい、お互いの連携を阻害する原因にもなる。ここにチームワークを発揮する難しさがある。

では、どのようにすれば職場でチームワークを発揮することができるのだろうか。

チームワークを可視化する

一般的に、チームワークとは、スポーツから連想されるように、お互いの協力や連携を意味する用語として日常的に用いられる。しかし、実は、学術的に見ると協力や連携はチームワークの一側面でしかない。チームワークは、図に示されるように、広く「行動的側面」と「心理的側面」の2つを包含する概念であると理解することができる。

チームワークモデル

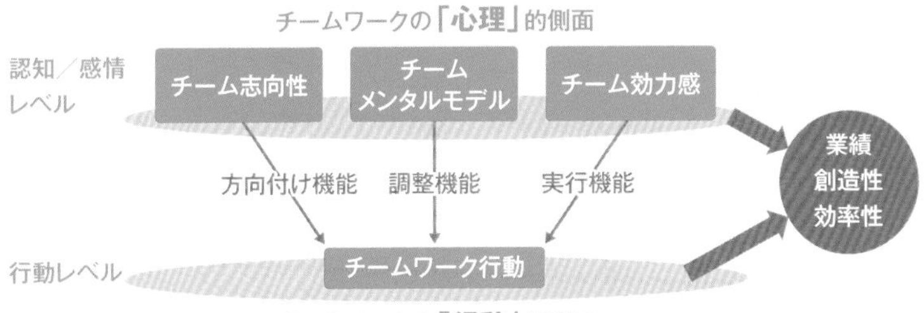

チームワークには、大きく分けて「行動的側面」と「心理的側面」があると考えられる。「心理的側面」には「チーム志向性」「チームメンタルモデル」「チーム効力感」があり、それらが「チームワーク行動」を促進・調整する。

図のように、チームワークの「行動的側面」とは、チームメンバー間で交わされる様々な活動を意味する。ヴィンセント・ルソーらは、チームワーク行動を、チームのパフォーマンスを達成するために必要な行動（チーム・パフォーマンスの統制管理）、チームにおける円滑な人間関係と良好なメンタルヘルスを育むための行動（チームの円満な対人関係の維持）に分けている。

さらに、チーム・パフォーマンスの統制管理は、チームに課せられたミッションを分析したり、目標を明確にするなどの「業務を完遂するための準備」や課題遂行中の協調などの「業務に関連する協働」、課題遂行中にトラブルや問題がないかを確認する「職務遂行状況の査定」、その他「チームとしての適応・調整行動」に分類することができる。一方で、チームの円満な対人関係の維持に関する行動については、メンバーの不安やストレスを和らげる「精神的サポート」と、メンバー同士の対立や意見の衝突を解決する「葛藤の統合的な調整・処理」がある。こうして、チームワーク行動を概観すると、決してチームが課題に取り組む最中に必要な行動だけでなく、課題に取り組む前から始まり、課題に取り組んだ後にチーム力を高める活動も重要であることに気づかされる。

チームワーク行動

- チーム・パフォーマンスの統制管理
  - 業務を完遂するための準備
    - ミッションの分析
    - 目標の明確化
    - 計画策定
  - 業務に関連する協働
    - 協調
    - 協同
    - 情報交換
  - 職務遂行状況の査定
    - 業績・成果のモニタリング
    - 職務遂行システムのモニタリング
  - チームとしての適応・調整行動
    - バックアップ行動
    - チーム内のコーチング
    - 協働による問題解決
    - チーム活動の革新
- チームの円満な対人関係の維持
  - 精神的サポート
  - 葛藤の統合的な調整・処理

ルソーらによれば、チームワーク行動は「チーム・パフォーマンスの統制管理」(「業務を完遂するための準備」「業務に関連する協働」「職務遂行状況の査定」「チームとしての適応・調整行動」)と「チームの円満な対人関係の維持」(「精神的サポート」「葛藤の統合的な調整・処理」)から成る。ここには、課題に取り組む最中の行動だけでなく、課題に取り組む前や取り組んだ後の行動も含まれている。

一方、チームワークの心理的側面とは、チームのメンバー間でなされる活動の実行を促し、また調整する機能を意味する。具体的には、よくラグビーで“one for all, all for one(1人はみんなのために、みんなはチームのために)”と表現されるようにメンバーの態度や活動をチームに向ける「チーム志向性」は、チームワークの「方向付け機能」の役割を果たす(➡47)。さらに、「チーム効力感」は、チームで取り組む特定の課題を効果的に遂行できるという、チームの能力に関するメンバーに共有された集合的な信念のことを指し、チームワークを発揮させる「実行機能」の役割を担う。さらに、「チームメンタルモデル」とは、チームの課題や役割、目標、能力に関する知識をチームメンバーが共有している状態を意味するものである。これは、後述するように、チームワークの「調整機能」を果たす。

チームのメンバーが互いに理解し合う

円滑で効率的なチームワーク（行動）を可能にする中心的な概念がチームメンタルモデルである。言い換えると、チームメンタルモデルは、チームでの「あ・うんの呼吸」を可能にする。

チームメンタルモデルは、もともとは、ジャニス・キャノンボワーズとエドワード・サラスらが、「優れたチーム（職場）では、なぜ逐一コミュニケーションを取らなくても高い成果を実現できるのだろうか」という疑問からこの概念に対する着想が始まり、その答えとして、「チーム（職場）の従業員の間で、職場においてどのようなことが必要で、何が求められているかについての共有された理解があるから」と考え、チームメンタルモデルという概念を提唱したのが始まりである。

チームでは、各メンバーがそれぞれ課題や目標、他のメンバーの役割や態度に関する知識（メンタルモデル）を保有しているが、その知識や理解が他のメンバーと共通しているかどうかは定かではない。一般的に、チームでうまく連携できない原因は、一人一人の思いこみや理解の相違などにあることがほとんどである。そのような状態であれば、チーム内でどのような協力が必要であるか他のメンバーが気づかず、協力したとしても相手が必要とするタイミングとはズレてしまうこともある。

しかし、メンタルモデルを事前に共有し、また申し合わせを行うことで、チームのメンバーがいつどんなときに協力が必要なのかをお互いに理解でき、またメンバーの行動が予測できるようになるため、チームにおいて、必要なタイミングで協力や連携が生まれやすくなる。

身近な例で考えてみると、サッカーではプレー中に逐一コミュニケーションを取らずとも、円滑な連携プレーが実現できるのは、チームとして作戦や目標、他のメンバーの役割や特徴などに関する知識をチームのメンバーが共有しているからと言える。

（池田　浩）

47

チームを動かすモチベーション

チーム
モチベーション
社会的手抜き
社会的補償効果
ケーラー効果
チーム目標

仕事やスポーツ、勉強などあらゆる課題の成果は、適切な能力が備わり、それを十分に発揮するための原動力となる「モチベーション」が発揮されて初めて実現する。これは、個人はもとより、集団やチームにおいても同様である。スポーツチームや企業のプロジェクトチームにおいても、メンバーみんなが目標の達成に向けて意欲的に取り組むことで、個々人の能力の総和以上の力が発揮されることをよく目にするだろう。

チームモチベーションとは

昨今の企業や医療機関、あるいは学校などの組織もチームで課題を遂行することが増えている。かつてのように、1人で課題を完遂することはめっきり少なくなり、他のメンバーと協力や連携をしながら、課題をより効率的に遂行したり、また創造的なアイディアを生み出すことが強く期待されるようになってきている。こうしたチームワークを引き出し、目標の達成に向けた原動力となるのが「チームモチベーション」である。

チームになるとモチベーションは抑制される？

では、チームとしてのワークモチベーションはどのように生まれるのだろうか。実は、従来の集団心理学においては、チームにおいてモチベーションを引き出すことは容易ではなく、むしろチームになることでかえってモチベーションが抑制されることを明らかにした研究や理論が大半を占めている。

社会的手抜きの実験

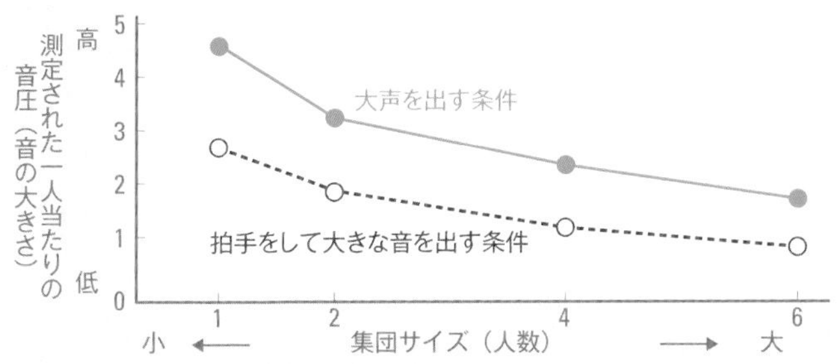

ラタネらの実験によれば、集団の人数が増えるほど、「大声を出す」ことや「拍手をして大きな音を出す」音量が減少している。言い換えると、人数が増えるほど、社会的な手抜きが発生している。

その代表的な研究が、心理学者のビブ・ラタネらによる「社会的手抜き」研究である。彼らは、集団で作業をするとき、メンバーの数が増えるほど集団全体の作業量の総和は増えるが、1人あたりの作業量は減少していくことを明らかにした（図）。この現象は、「モチベーションロス」とも言う。言い換えると、チームメンバーの人数が増えるほど、モチベーションも低下していくことを示している。

こうした現象は、私たちの身近にもよく散見される。みんなで話し合いをしているのに発言しようとしない友達や、いつもおしゃべりしながらほどほどにしか仕事をしない同僚など、誰もが思い当たるだろう。では、なぜ、どのようなときに集団やチームで社会的手抜き（モチベーションロス）は起こるのだろうか。チームとしてのモチベーションを引き出すためには、これが発生する原因を同定して、対策を講じる必要がある。

原因の1つは、「責任の拡散」（➡29）である。ラタネとジョン・ダーリーは、社会的手抜きが生まれる心理的メカニズムとして「自分1人ぐらい手を抜いても大丈夫だろう」という課題遂行への努力を怠る心理が関わっていることを明らかにしている。言い換えると、1人で課題を遂行する必要があるときには、その人に100％の責任が生じるが、10人で取り組むときには責任が1人あたり10％に拡散するからである。

腐ったリンゴ現象

フェルプスらは、職場の中にあからさまな手抜きをするメンバーが1人いると、その存在や行動が集団全体をダメにしてしまう現象を「腐ったリンゴ現象」と呼んだ。

2つ目は、「独自の貢献度評価の欠如」である。メンバー個人の貢献度が評価されにくく、集団として課題が十分に達成できなくても自分だけの責任にならないときに手抜きは生じる。それどころか、最小の努力だけで集団の成果の恩恵を受けようとする「フリーライダー効果」(➡40)が生じる危険性もある。

あからさまに手抜きをするメンバーが存在すると、集団やチームはさらに機能不全に陥る。ウィル・フェルプスらは、職場の問題のある成員の存在や行動は職場全体をダメにする心理メカニズムを理論的に整理し、これを「腐ったリンゴ現象」と呼んでいる。これは、「1つの腐ったリンゴが樽全体をダメにする」という英語のことわざを語源とし、「ある1人の困った成員の存在や行動が職場全体をダメにする」ことを意味するものである。集団やチームで社会的手抜きやフリーライダーが横行して、集団全体が駄目にならないようにしたい。

チームでモチベーションが上がるとき

では、チームではどのようなときにメンバーのモチベーションが高まるのだろうか。それを説明する現象の1つに「社会的補償効果」がある。

これは、能力の高いメンバーが、能力が劣った人と一緒に協働するときに、その人の不足した分を補おうと、人一倍頑張る現象である。ただし、これはいつも起こるとは限らない。キプリング・ウィリアムズとスティーヴン・カラウの研究からは、①課題の重要性が高く、かつ同僚の能力が低いとき、②一緒に仕事をしている相方から当分逃げられないとき、③仕事を始めた初期のとき、④集団のサイズが小さいときに社会的補償効果は発生することがわかっている。

一方、能力が劣った人もモチベーションを最大限発揮することがある。これをゲシュタルト心理学のヴォルフガング・ケーラーの名にちなんで「ケーラー効果」と呼ぶ。これは、能力が劣った人のパフォーマンス次第で集団の成果が決まる結合課題のときに生じる。例えば、営業チーム全員がノルマを達成しないといけないときや、スポーツではリレーチームなどがこの課題に該当するだろう。劣った人からすれば、自分の頑張り次第で集団の成果が決まるため、迷惑をかけないようにいつも以上に頑張るようになると言える。

これら2つの現象は、集団やチームという文脈における「メンバー個人」のモチベーションを扱ったものである。では、チーム全体のモチベーションを高めるためには何が必要だろうか。チームモチベーションを引き出す最も重要な要因は「チーム目標」設定（➡45）である。エドウィン・ロックとゲイリー・レイサムによる目標設定理論では、近年、チームや集団レベルの目標設定がチームモチベーションに効果をもつことが明らかにされている。チームとして目標を設定することで、チームメンバーはその目標を達成しようとモチベーションを高め、かつその目標を達成するために相互の協力連携が不可欠であることからチームワークを醸成する機能ももっている。チームで設定する目標が、意義があり魅力的なものであればあるほど、チーム全体でそれを実現しようとする推進力となり、チームモチベーションを引き出すことにつながるだろう。

（池田　浩）

集団を導くリーダーの力

リーダーシップ
信頼
変革型リーダーシップ
サーバント・リーダーシップ

人は様々な集団や組織に所属し、そこで何らかの活動に取り組んでいる。例えば、学生であれば、クラブ活動や生徒会、学級、社会人であれば会社などの職場やボランティア団体などが思い浮かぶだろう。そこでは取り組む課題をうまく成し遂げるために多くのメンバーの力を集結する必要がある。そのときに必要になるのが「リーダーシップ」である。

どうすればメンバーはリーダーについていくか

人が集まる場（集団や組織）には、自ずとそれを率いるリーダーが存在する。そうしたリーダーが発揮する「リーダーシップ」とは具体的には何を意味しているのだろうか。リーダーシップは日常的に使われる用語であるため、人によって多様な意味を想定しながら使われている。さらに、学術的にも、心理学や経営学だけでなく政治学や社会学でも取り上げられており、リーダーシップの定義も複数存在するのが現状である。

その中で、リーダーシップ研究の大家であるラルフ・ストッディルは、リーダーシップを「集団目標の達成に向けてなされる集団の諸活動に影響を与える過程である」と抽象的に説いている。これを具体的に言えば、集団は目標を達成するために様々な活動を行うが、その活動の方向性を定めたり、メンバーをやる気にさせたり、メンバー同士の協力・連携を促すように導く影響力のことをリーダーシップと呼ぶ。

先のストッディルの定義はやや抽象的ではあるが、実はリーダーシップを理解するうえで重要な2つのポイントが内包されている。

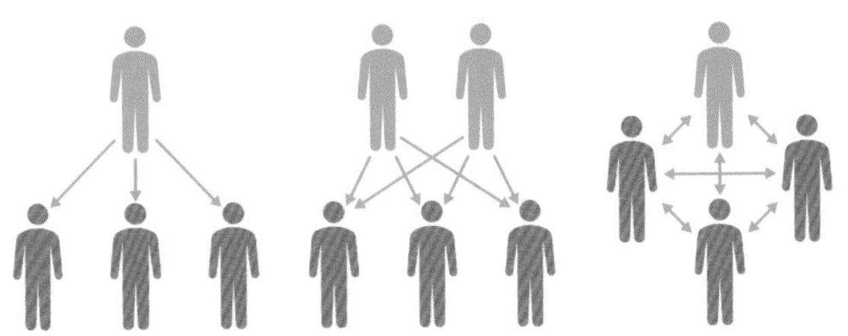

リーダーシップとは「集団の機能」であり、必ずしも特定の個人のみが発揮するものとは限らない。1人のリーダーによる「垂直型リーダーシップ」の他に、サブリーダーや非公式なリーダーも存在する「分有型リーダーシップ」、メンバーそれぞれがリーダーシップの役割を共有する「共有型リーダーシップ」などの形態もある。

第1は、リーダーシップとは特定の個人に限定されず、メンバーもリーダーシップを発揮することができる「集団の機能」を指している点である。昨今、公式的な役職を担うリーダー（管理者）だけでなく、サブリーダー（副リーダー）や非公式的なリーダー（インフォーマル・リーダー）も役割を分担して担う「分有型リーダーシップ」や、プロジェクトチームなど他のメンバーもリーダーシップの役割を共有して、互いに影響を及ぼし合う「共有型リーダーシップ」なども有効性が明らかにされている。

第2は、リーダーシップが「メンバーによる受容」を前提としていることである。一般的に、リーダーによる一方的な働きかけのことをリーダーシップと考えがちであるが、たとえリーダーがいくら優れた言動を発しても、受け手のメンバーが動かされなければ意味はない。したがって、この前提から考えると、メンバーが受け入れてはじめてリーダーシップという現象が生まれることを意味する。そのメンバーの受容を可能にするのが、リーダーに対する「信頼」である。

リーダーとして何をすべきか

集団のメンバーが目標の達成に向けて、自らの役割を的確に理解し、そして意欲をもって取り組むためには、リーダーによる効果的な働きかけが必要不可欠である。

リーダーによる働きかけ（リーダーシップの機能）は2つに集約できることがわかっている。1つは、集団の目標を達成することや課題の取り組みに志向した「課題志向的行動」であり、他の1つは、集団内の人間関係の維持やチームワークなどに志向した「人間関係志向的行動」である。これら2つは相互に補完的な機能をもっており、両方の行動を高い水準で発揮することが最も効果的であることが明らかになっている。

ただし、どのような集団や状況であっても、常に同じリーダーシップが効果的であるとは限らない。言い方を変えると、状況に応じて有効なリーダーシップを発揮する必要がある。これをコンティンジェンシー・アプローチと呼ぶ。その代表的な理論として、ポール・ハーシーらは、メンバーの成熟度（意欲と能力の成熟）に応じて、有効な4つのリーダーシップのスタイルを提案している（図）。

課題をうまく遂行して目標を達成することはリーダーに課せられた最重要の役割であるが、リーダーは率いるメンバーの成熟度や特性、課題の特徴などの種々の状況を見極めながら、効果的なリーダーシップを発揮することが求められる。

4つのリーダーシップのスタイル

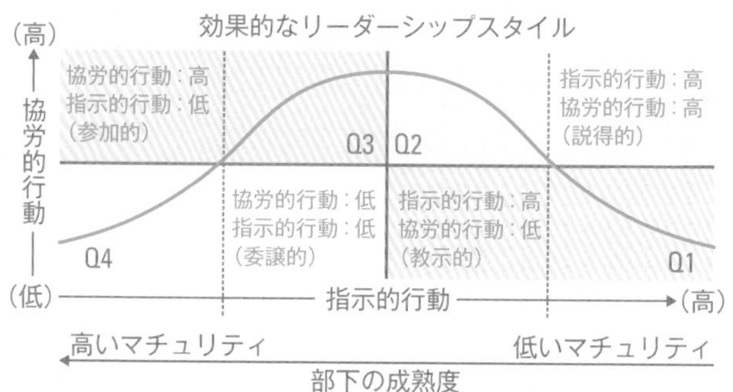

ハーシーらによれば、メンバーの成熟度に応じて、4つの有効なリーダーシップのスタイルがある。常に有効なリーダーシップがあると考えるのではなく、メンバーの特性などを見極めた上でどんなリーダーシップが有効なのかを考えることが求められる。

メンバーの意識を変え、自律性を促すリーダーシップ

求められるリーダーシップも時代の要請に応じてたえず変化する。我が国ではバブル崩壊以降、組織を変革することを目指した「変革型リーダーシップ」に関心が集まるようになった。変革型リーダーシップでは、リーダーはメンバーに対して、組織やメンバーにとって何が最も望ましいかを問いかけ（理想的影響）、刺激的で魅力的なビジョンを示し（モチベーションの鼓舞）、メンバーに知的な刺激を与えて考え方や視野を広げながら（知的刺激）、メンバーを配慮する（個別的配慮）ことを通じて、変革を推し進めていく。

さらに、2000年代以降、かつて以上にメンバーが自律的に働くことが求められるようになった。そこで注目されるようになったのがロバート・グリーンリーフによる「サーバント・リーダーシップ」である。サーバント・リーダーシップでは、メンバーを下から支えて、活かし、そして奉仕することで、メンバーは目標を意識しながら自律的に活動することができるようになる。

（池田　浩）

変革型リーダーシップとサーバント・リーダーシップ

変革型リーダーシップ
- 理想的影響（カリスマ性）
- モチベーションの鼓舞
- 知的刺激
- 個別配慮

サーバント・リーダーシップ
- 奉仕と支援
- 成長支援
- 傾聴と共感
- 権限委譲

時代の変化によって、求められるリーダーシップのあり方も変わってきている。組織の変革が求められる中で「変革型リーダーシップ」が、メンバーの自律性が重視される中で「サーバント・リーダーシップ」が注目されるようになった。

リーダーを支えるフォロワーの力

Keywords
リーダーシップの幻想
フォロワーシップ
批判的思考
積極的関与

組織で期待されるパフォーマンスをあげる上で、多くの場合、組織を導く人物によるリーダーシップに関心が寄せられる。しかし、組織パフォーマンスは、決してリーダーだけで実現できるわけではない。リーダーの働きかけを受容し、それに従い、ときにはリーダーに進言するフォロワーの存在が必要不可欠である。

集団においてフォロワーはいかなる存在か

いかなる集団にも取り組むべき課題が存在し、その課題に取り組むために多数のメンバーと彼らを導くリーダーが存在する。こうした構図は、企業やスポーツチーム、病院などあらゆる組織に共通して存在している。しかし、多くの場合、1人のリーダーシップに関心が寄せられる一方で、リーダーを支えているフォロワーの存在についてはあまり取り上げられることはない。

その理由は、リーダーシップによる影響力が過大視されていることがあげられる。ジェームズ・マインドルは、組織の業績の向上や低下の原因を、十分に吟味せずに、経営者のリーダーシップに過剰に帰属する傾向や、景気の良し悪しの原因を首相や大統領のリーダーシップに求める傾向があることを明らかにし、これを「リーダーシップの幻想」と呼んでいる。言い換えると、組織の成功について、実際には多くのフォロワーによる貢献が大きいにも関わらず、そこにはあまり注目せず、比較的注目しやすいリーダーシップに原因を求めているのである。

もちろん、組織においてリーダーは、ビジョンを掲げて方向

リーダーとフォロワーの相互影響過程

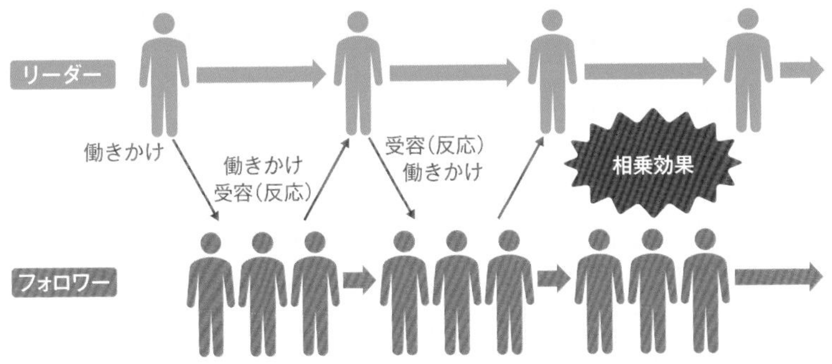

リーダーの働きかけのみでは集団のよいパフォーマンスが生まれることはない。リーダーとフォロワーは相互に働きかけ合っており、その相乗効果が生じることが大切である。そのため、フォロワーシップにも注目する必要がある。

性を示し、またフォロワーを動機付けながら目標達成に導く重要な役割を担っている。しかし、リーダーがいかに適切かつ効果的な働きかけを行ったとしても、それを受け入れて、課題を直接的に遂行するフォロワー無しには成果の実現はあり得ない。事実、ロバート・ケリーによれば、組織パフォーマンスに対するリーダーの影響力はわずか20%であるのに対し、残り80%はフォロワーシップによることを主張している。

またリーダーシップが、リーダーによる働きかけに始まり、それにフォロワーが反応し、さらにリーダーはフォロワーの反応に応じてその後の働きかけを行う相互影響過程で成立しているとすれば、リーダーの効果的な働きかけを引き出せるかは、フォロワー次第であるとも言える。ここにフォロワーシップに注目する意義がある。

フォロワーシップにはどのようなタイプがあるか

フォロワーは、リーダーに対置する役割として位置づけられるが、フォロワーシップについて統一された定義は存在しない。ただ、フォロワーの語源は「手伝う、助ける、援助する、貢献する」という意味を含んでいる。さらにフォロワーに期待される役割は単にリーダーの指示や命令に従う受動的なものではなく、フォロワーは自らの意見や考えをもち、必要に応じてそれらをリーダーに伝える存在でもある。これらを踏まえると、フォロワーシップとは、「集団や組織の目標達成に向けて、リーダーの意向やビジョンを積極的に支援するとともに、自らの意見や考えをもちながら集団やリーダーに影響を及ぼす過程」と定義することができる。

では、フォロワーシップにはどのようなタイプが存在するのだろうか。現在、最もよく知られたフォロワーシップ理論として、ロバート・ケリーによるモデルがある。ケリーは、フォロワーシップを、リーダーと交流する程度に関して「積極的関与」―「消極的関与」、フォロワーが独自の考えや意見をもつ程度に関して「独自の考え」―「依存的・無批判の考え」に分けて、大きく5つに類型化している(図)。

最も理想的なフォロワーシップは、フォロワーが独自の基準や価値判断で思考し、また建設的な意見をリーダーに進言し、同時にリーダーとも積極的に交流する「模範型フォロワー」である。このタイプのフォロワーシップは、リーダーにとっても貴重な存在となる。

2つ目は、フォロワーは独自の考えや意見をもつものの、リーダーにあまり関与しない「孤立型フォロワー」である。リーダーの意向や考えを批

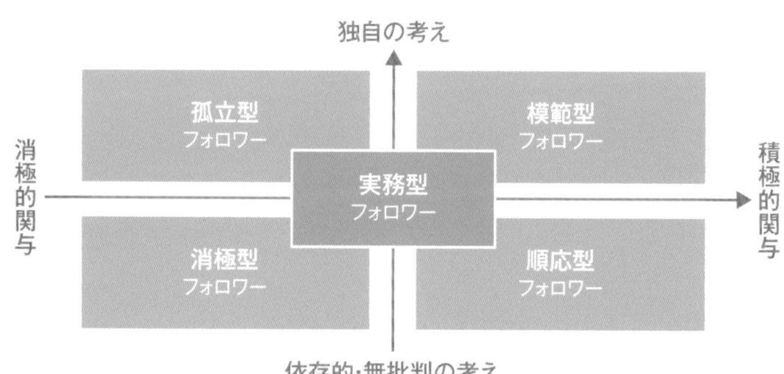

ケリーによれば、リーダーと交流する程度(「積極的関与」―「消極的関与」)と独自の考えをもつ程度(「独自の考え」―「依存的・無批判の考え」)によって、フォロワーシップは大きく5つに分けられる。

判するものの、それをリーダーに伝えないため、やや孤立した存在である。

3つ目は、リーダーや組織に対して積極的に交流するものの、フォロワーとして独自の考えや意見をもたず、リーダーの意向を無批判に受け入れ、依存する「順応型フォロワー」である。俗に「イエスマン」とも称される。

4つ目は、独自の考えや意見ももたず、かつリーダーや組織にも積極的に関与しようとしない「消極的フォロワー」である。このタイプは、リーダーに依存して単なる指示待ちになってしまっている。

最後は、「実務型フォロワー」である。このタイプは、独自の考えも一定程度もちつつ、リーダーや組織とも最低限は交流するものの、それ以上の関与は行わないフォロワーである。

ケリーは、上記の5つのタイプのフォロワーシップを示しつつも、理想的には、フォロワーも独自の考えや意見をもちながら、リーダーとともに責任を受け入れ、ときにリーダーや組織に対して批判的で建設的な意見をも表することが求められることを説いている。

勇敢なフォロワーの存在が組織を活性化する

健全で活性化した組織や集団を作り上げるうえで、優れたフォロワーの存在は大きい。依存的なフォロワーばかりであれば、リーダーによる一方的な働きかけに終始してしまい、効果的なチームワークは望めない。

また、最近のリーダーシップ研究において、組織にネガティブな影響をもたらす破壊的リーダーシップの存在も問題視されている。破壊的リーダーシップが生まれる原因の1つが、リーダーに依存的で機嫌をとるフォロワーの存在である。その存在により、リーダーが自己を過大に評価するようになり、権力を乱用することが指摘されている。リーダーの地位や権限が増したとしても、倫理的に振る舞うためには、リーダーに対して建設的な意見を伝えられる勇敢なフォロワーが必要であると言える。

（池田　浩）

社会心理学のこれから

Keywords
社会現象
実証研究
脳科学との連携
社会実装
進化心理学

本書でいままで紹介してきたように、社会心理学という分野では、人間行動のあらゆる側面が扱われている。社会心理学は心理学の主要分野として、現在、大学の様々な学科で教育、研究が行われている。では、社会心理学は今後、どのように発展していくのだろうか。発展の方向性は多様だと思われるが、ここではそのうちのいくつかについて簡単に紹介してみよう。

興味深い社会現象の発見

まず、第1にあげられるのは、興味深い社会的な現象を見いだし、それを実証していくという方向性である。これは社会心理学が今までも伝統的に行ってきたことである。社会心理学はこれまで、本書であげてきたような様々な興味深い人間行動の現象や法則を「発見」してきた。我々が普段生活している中で、まったく気づいていなかったり、あるいはうすうす気づいていたが特別言葉にしなかったような現象について、明確に記述し、そこに影響する諸要因について実験的に明らかにしてきたのである。このような営みは、人間行動を明らかにしていくための第一歩として極めて重要である。そして、観察対象である人間自身についての深い洞察や興味、客観的で冷静な観察眼をもっていなければできないものである。今後の社会心理学もまず第1に、この方向性のもとで、多くの興味深い現象を発見していくことが必要であろう。

変容する社会の中での我々の行動の理解

次に、変容する社会の中における我々の行動の変化やその適応過程を明らかにし、新しい社会における我々の新たな行動指針を作り出していくという方向性である。ここ十数年で我々の社会は非常に大きく変容した。インターネットによる様々なコミュニケーション手段の発展、高齢化の進展、ロボットやAIの普及、人工現実感（バーチャル・リアリティー）の登場などである。かつて心理学者のクルト・レビンが述べたように、我々の行動は環境との交互作用によって生み出されていくものである。そのため、このような環境の大きな変化は我々の行動や態度、生き方にまで大きな影響を与えることが予測される。どのような変化が生じるのかを敏感に感じ取って明確にしていくことは、まさに社会心理学という学問分野が担っていくべき仕事であろう。

社会や人間行動の変化を敏感に感じ取る

新しい社会の環境との相互作用によって生まれる、我々の行動の変化や適応過程を明らかにしていく。

社会神経科学の発展

3つめの方向性としてあげられるのは、脳科学との連携である。我々の社会行動ももとをたどればハードウェアとしての脳と密接に関連している。一つ一つの行動が脳の活動とどのように関連し合っているのかに

脳の活動から社会行動を読み解く

我々の様々な社会行動と脳の活動との関連を明らかにすることで、見えてくるものがある。

ついて明らかにしていくことは、我々の社会行動を理解する上でも、また脳の機能を理解していく上でも不可欠である。例えば、我々の協調性や攻撃性、パーソナリティや文化的な行動などについてその基礎となる脳のメカニズムについて明らかにしていくのである。この分野の研究については、最近では、「社会神経科学」という名称が与えられている。

知識の社会実装

4つ目は社会のいろいろな分野への応用である。社会心理学はもともと人間関係を扱う学問であるし、我々の生活は人間関係を基盤にしているので、社会心理学の知識が、役に立たないわけはない。友人関係や恋愛関係などの対人行動、広告、マーケティング、リーダーシップや組織づくり、企業や学校現場での様々な問題への対処、異文化コミュニケーション、適切な裁判の実施など様々な領域でその知識を応用していくことが可能であるし、そうしていくべきである。社会生活の中で発見された問題を研究し、その成果を社会に還元していく、社会的に実装していくことがますます重要になっていくであろう。

進化心理学的アプローチとの接近

最後にあげられるのが進化心理学との連携である。いままで社会心理学は多くの興味深い現象を明らかにし、そのメカニズムについての理論を提唱してきた。しかし、そもそも「なぜ」人間行動がそのようになっているのかについては、必ずしも明確な答えが出せていない。そのため、社会心理学的な説明はトートロジー（同語反復）に陥りがちだ、といった批判がなされることが少なくなかった。このような問題を解決するための1つの方法論が、進化心理学である。進化心理学では、生き物はその遺伝子を後生に残すための1つの乗り物にすぎず、より多くの遺伝子を残すような行動パターンが淘汰されずに受け継がれていくと考える。この理論枠組みを使えば、我々が「なぜ」そのような社会行動をとるのかについて説明できるかもしれない。つまり、それは遺伝子を残すために適切だったからである。

このように様々な探求の方向性が考えられるが、いずれにせよ、社会心理学は心理学の主要な分野の一つとして、我々の人間理解に貢献し続けるであろう。

（越智啓太）

進化の枠組みから社会行動を読み解く

我々は進化の過程で、遺伝子を残すために様々な社会行動を身につけてきたと考えられる。そうした観点から人間の行動について考察する。

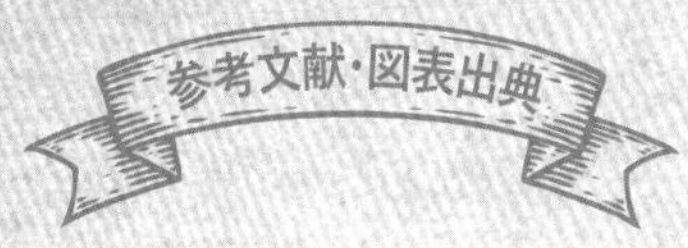

参考文献・図表出典

01　末永俊郎・安藤清志 (1993). 現代社会心理学　東京大学出版会

池田謙一・唐沢穣・工藤恵理子・村本由紀子 (2010).　社会心理学 (New Liberal Arts Selection)　有斐閣

02　Fiske, S. T., & Neuberg, S. L. (1990). A continuum of impression formation, from category-based to individuating processes: Influences of information and motivation on attention and interpretation. *Advances in Experimental Social Psychology*, 23, 1-74.

Kelley, H. H. (1950). The warm - cold variable in first impressions of persons. *Journal of Personality*, 18(4), 431-439.

03　速水敏彦 (2006). 他人を見下す若者たち　講談社現代新書

速水敏彦(編著) (2012). 仮想的有能感の心理学――他人を見下す若者を検証する　北大路書房

金政祐司(監修) (2015). 他人の心理学　ナツメ社

小平英志・小塩真司・速水敏彦 (2007). 仮想的有能感と日常の対人関係によって生起する感情経験――抑鬱感情と敵意感情のレベルと変動性に注目して.　パーソナリティ研究, 15, 217-227.

松本麻友子・山本将士・速水敏彦 (2009). 高校生における仮想的有能感といじめとの関連.　教育心理学研究, 57, 432-441.

04　小塩真司・川崎直樹(編)　(2011). 自己愛の心理学――概念・測定・パーソナリティ・対人関係　金子書房

Campbell, W. K., Brunell, A. B., & Finkel, E. J. (2006). Narcissism, interpersonal self-regulation, and romantic relationships: An agency model approach. In E. J. Finkel & K. D. Vohs (Eds.), *Self and Relationships: Connecting Intrapersonal and Interpersonal Processes* (pp.57-83). New York: Guilford Press.

05　Cialdini, R. B. (1988). *Influence: Science and Practice.* Glenview, Ⅲ.:Scott, Foresman and Company. (チャルディーニ, R.B.　社会行動研究会(訳) (1991).　影響力の武器――なぜ人は動かされるのか　誠信書房)

Cialdini, R. B., Borden, R. J., Thorne, A., Walker, M. R., Freeman, S., & Sloan, L. R. (1976). Basking in reflected glory: Three (football) field studies. *Journal of Personality and Social Psychology*, 34, 366-375.

谷口淳一・相馬敏彦・金政祐司・西村太志 (2017). エピソードでわかる社会心理学――恋愛関係・友人関係から学ぶ　北樹出版

Tesser, A. (1988). Toward a self-evaluation maintenance model of social behavior. *Advances in Experimental Social Psychology*, 21, 181-227.

06　Becker, E. (1973). *The Denial of Death.* New York: Free Press. (ベッカー, E. 今防人(訳) (1989). 死の拒絶　平凡社)

Greenberg, J., Solomon, S., & Pyszczynski, T. (1997). Terror management theory of self-esteem and cultural worldviews: Empirical assessments and conceptual refinements. *Advances in Experimental Social Psychology*, 29, 61-139.

脇本竜太郎 (2005). 存在脅威管理理論の足跡と展望――文化内差・文化間差を組み込んだ包括的な理論化に向けて.　実験社会心理学研究, 44(2), 165-179.

脇本竜太郎 (2012). 存在脅威管理理論への誘い――人は死の運命にいかに立ち向かうのか　サイエンス社

07　Festinger, L. (1954). A theory of social comparison processes. *Human Relations*, 7, 117-140.

金政祐司・大竹恵子(編) (2009). 健康とくらしに役立つ心理学　北樹出版

Wood, J. V., Taylor, S.E., & Lichtman, R.R. (1985). Social comparison in adjustment to breast cancer. *Journal of Personality and Social Psychology*, 46, 561-574.

08　Epley, N., Keysar, B., Van Boven, L., & Gilovich, T. (2004). Perspective taking as egocentric anchoring and adjustment. *Journal of Personality and Social Psychology*, 87, 327-339.

Gilovich, T., Medvec, V. H., & Savitsky, K. (2000). The spot light effect in social judgment: An egocentric bias in estimates of the salience of one's own action and appearance. *Journal of Personality and Social Psychology*, 78, 211-222.

Gilovich, T., Savitsky, K., & Medvec, V. H. (1998). The illusion of transparency: Biased assessments of other's ability to read one's emotional states. *Journal of Personality and Social Psychology*, 75, 332-346.

09　Festinger, L., & Carlsmith, J. M. (1959). Cognitive consequences of forced compliance. *Journal of Abnormal and Social Psychology,* 58, 203-210.

Jecker, J., & Landy, D. (1969). Liking a person as a function of doing him a favour. *Human Relations,* 22, 371-378.

10　唐沢穣 (2010). 集団間の関係　池田謙一・唐沢穣・工藤恵理子・村本由紀子 (編) 社会心理学 (pp.201-222)　有斐閣

工藤恵理子 (2003). 対人認知過程における血液型ステレオタイプの影響――血液型信念に影響されるものは何か.　実験社会心理学研究, 43, 1-21.

工藤恵理子 (2010). 他者に対する評価・判断・推論.　池田謙一・唐沢穣・工藤恵理子・村本由紀子 (編) 社会心理学 (pp.113-136)　有斐閣

縄田健悟 (2014). 血液型と性格の無関連性――日本と米国の大規模社会調査を用いた実証的論拠.　心理学研究, 85, 148-156.

山岡重行 (2006). 血液型性格項目の自己認知に及ぼすTV番組視聴の効果. 日本社会心理学会第47回大会発表論文集, 76-77.

11　Adams, J. S. (1965). Inequity in social exchange. *Advances in Experimental Social Psychology,* 2, 267-299.

Deutsch, M. (1975). Equity, equality, and need: What determines which value will be used as the basis of distributive justice? *Journal of Social Issues*, 31(3), 137-149.

Leventhal, G.S. (1980). What should be done with equity theory?. In K.J.Gergen, M.S.Greenberg & R.H.Willis (Eds.), *Social Exchange.* Boston, MA: Springer. https://doi.org/10.1007/978-1-4613-3087-5_2

Merton, R. K., & Rossi, A. S. (1957). Contribution to the theory of reference group behavior, In R. K. Merton (Ed.), *Social Theory and Social Structure* (pp.279-334) (1968版). New York: Free Press.

佐伯昌彦(2011). 犯罪被害者の刑事裁判への参加と手続的公正の社会心理学――英米法圏での実証研究をふまえて (〈サブ特集〉法と心理学領域における公正概念の再検討). 法と心理, 11(1), 73-82.

Thibaut, J., & Walker, L. (1975). *Procedural Justice: A Psychological Analysis.* Hillsdale, NJ: Erlbaum Press.

12 Rosenthal, R., & Jacobson, L. (1968). Pygmalion in the classroom. *The Urban Review*, 3, 16-20.

Babad, E. Y., Inbar, J., & Rosenthal, R. (1982). Pygmalion, Galatea, and the Golem: Investigations of biased and unbiased teachers. *Journal of Educational Psychology*, 74, 459.

マイナビニュース(2015). 2014年ベスト・オブ・キラキラネーム発表 https://news.mynavi.jp/article/20150206-a449/ (2022年3月11日閲覧)

13 Alter, A. L., Kernochan, J., & Darley, J. M. (2007). Transgression wrongfulness outweighs its harmfulness as a determinant of sentence severity. *Law and Human Behavior*, 31(4), 319-335.

Carlsmith, K. M. (2006). The roles of retribution and utility in determining punishment. *Journal of Experimental Social Psychology*, *42*(4), 437-451.

Lerner, M. J. (1980). The belief in a just world. In *The Belief in a Just World* (pp. 9-30). Boston, MA:Springer.

Lerner, M. J., & Miller, D. T. (1978). Just world research and the attribution process: Looking back and ahead. *Psychological Bulletin*, 85(5), 1030-1051. https://doi.org/10.1037/0033-2909.85.5.1030

綿村英一郎・分部利紘・高野陽太郎(2010). 一般市民の量刑判断――応報のため? それとも再犯抑止やみせしめのため? 法と心理, 9(1), 98-108.

14 Hart-Davis, A. (2015). *Pavlov's Dog.* London: Elwin Streets Production. (ハート・ディビィス, A. 山崎正浩(訳) (2016). パブロフの犬――実験でたどる心理学の歴史 創元社)

Kahneman, D. (2011). *Thinking, Fast and Slow.* London: Penguin Books. (カーネマン, D. 村井章子(訳) (2012). ファスト&スロー――あなたの意思はどのように決まるか? (下) 早川書房)

金政祐司(監修) (2015). あの人の心を読み取る 他人の心理学 ナツメ社

15 Greenwald, A. G., & Banaji, M. R. (1995). Implicit social cognition: Attitudes, self-esteem, and stereotypes. *Psychological Review*, 102(1), 4-27.

16 Argyle, M., & Dean, J. (1965). Eye-contact, distance and affiliation. *Sociometry*, 28, 289-304.

Hall, E. T. (1966). *The Hidden Dimension.* Garden city, NJ.: Doubleday Anchor. (ホール, E. T. 日高敏隆・佐藤信行(訳) (1970). かくれた次元 みすず書房)

金政祐司・相馬敏彦・谷口淳一 (2010). 史上最強図解よくわかる恋愛心理学 ナツメ社

17 金政祐司・相馬敏彦・谷口淳一 (2010). 史上最強図解よくわかる恋愛心理学 ナツメ社

奥田秀宇 (1994). 恋愛関係における社会的交換過程――公平、投資、および互恵モデルの検討. 実験社会心理学研究, 34, 82-91.

竹村和久(編著) (2018). 公認心理師の基礎と実践 第11巻 社会・集団・家族心理学 遠見書房

Walster, E., Aronson, V., Abrahams, D., & Rottman, L. (1966). Importance of physical attractiveness in dating behavior. *Journal of Personality and Social Psychology*, 4, 508-516.

Zajonc, R. B. (1968). Attitudinal effects of mere exposure. *Journal of Personality and Social Psychology, Monographs Supplement*, 9, 1-27.

18 Byrne, D., & Nelson, D. (1965). Attraction as a linear function of proportion of positive reinforcements. *Journal of Personality and Social Psychology*, 1, 659-663.

Heider, F. (1958). The Psychology of Interpersonal Relations. New York: Wiley. (ハイダー, F. 大橋正夫(訳) (1978). 対人関係の心理学 誠信書房)

北村英哉・内田由紀子(編著)(2016). 社会心理学概論 ナカニシヤ出版

国立社会保障・人口問題研究所 (2012). わが国夫婦の結婚過程と出生力――第14回出生動向基本調査 厚生統計協会

竹村和久(編著)(2018). 公認心理師の基礎と実践 第11巻 社会・集団・家族心理学 遠見書房

19 Aron, A., Norman, C. C., Aron, E. N., McKenna, C., & Heyman, R. (2000). Couples' shared participation in novel and arousing activities and experienced relationship quality. *Journal of Personality and Social Psychology*, 78, 273-284.

Dutton, D. G., & Aron, A. P. (1974). Some evidence for heightened sexual attraction under conditions of high anxiety. *Journal of Personality and Social Psychology*, 30, 510-517.

金政祐司・相馬敏彦・谷口淳一(2010). 史上最強図解よくわかる恋愛心理学 ナツメ社

竹村和久(編著) (2018). 公認心理師の基礎と実践 第11巻 社会・集団・家族心理学 遠見書房

White, G. L., Fishbein, S., & Rutstein, J. (1981). Passionate love and the misattribution of arousal. *Journal of Personality and Social Psychology*, 41, 56-62.

20 Altman, I., & Taylor, D. A. (1973). Social Penetration: The Development of Interpersonal Relationships. New York: Holt, Rinehart & Winston.

内閣府 (2009). 第8回世界青年意識調査 http://www8.

cao.go.jp/youth/kenkyu/worldyouth8/html/mokuji.html（2018年2月9日閲覧）

内閣府（2019）. 平成30年度 我が国と諸外国の若者の意識に関する調査 https://www8.cao.go.jp/youth/kenkyu/ishiki/h30/pdf-index.html（2022年3月18日閲覧）

竹村和久（編著）野島一彦・繁桝算男（監修）(2018). 公認心理師の基礎と実践 第11巻 社会・集団・家族心理学 遠見書房

21 Lee, J. A. (1988). Love styles. In R. J. Sternberg & M. L. Barnes (Eds.), *The Psychology of Love* (pp.38-67). New Haven, CT: Yale University Press.

Sternberg, R. J. (1986). A triangular theory of love. *Psychological Review*, 93, 119-135.

松井豊（編著）海保博之（監修）(2010). 朝倉実践心理学講座8 対人関係と恋愛・友情の心理学 朝倉書店

谷口淳一・相馬敏彦・金政祐司・西村太志（編著）(2010). エピソードでわかる社会心理学——恋愛関係・友人関係から学ぶ 北樹出版

22 Buss, D. M. (1989). Sex differences in human mate preferences: Evolutionary hypotheses tested in 37 cultures. *Behavioral and Brain Sciences*, 12, 1-49.

Buss, D. M., & Barnes, M. F. (1986). Preferences in human mate selection. *Journal of Personality and Social Psychology*, 55, 559-570.

Eibl-Eibesfelt, I. (1975). *Ethology: The Biology of Behavior* (2nd ed.). New York: Holt, Renehart & Winston.

金政祐司・相馬敏彦・谷口淳一 (2010). 史上最強図解よくわかる恋愛心理学 ナツメ社

23 Bartholomew, K., & Horowitz, L. M. (1991). Attachment styles among young adults: A test of a four-category model. *Journal of Personality and Social Psychology*, 61, 226-244.

金政祐司・大竹恵子（編著）(2009). 健康とくらしに役立つ心理学 北樹出版

北村英哉・内田由紀子（編著）(2016). 社会心理学概論 ナカニシヤ出版

Shaver, P. R., & Hazan, C. (1988). A biased overview of the study of love. *Journal of Social and Personal Relationships*, 5, 473-501.

24 大坊郁夫・谷口泰富（編） 日本応用心理学会（企画）(2013). 現代社会と応用心理学2 クローズアップ恋愛 福村出版

Frank, E., & Brandstätter, V. (2002). Approach versus avoidance: Different type of commitment in intimate relationships. *Journal of Personality and Social Psychology*, 82, 208-221.

古村健太郎(2016). 恋愛関係における接近・回避コミットメントと感情経験，精神的健康との関連． 心理学研究，86, 524-534.

相馬敏彦・浦光博 (2009). 親密な関係における特別観が当事者たちの協調的・非協調的志向性に及ぼす影響. 実験社会心理学研究, 49, 1-16.

相馬敏彦・浦光博 (2010).「かけがえのなさ」に潜む陥穽——協調的志向性と非協調的志向性を通じた二つの影響プロセス． 社会心理学研究, 26, 131-140.

25 Downey, G., Freitas, A. L., Michaelis, B., & Khouri, H. (1998). The self-fulfilling prophecy in close relationships: Rejection sensitivity and rejection by romantic partners. *Journal of Personality and Social Psychology*, 75, 545-560.

金政祐司 (2009). 青年期の母-子ども関係と恋愛関係の共通性の検討——青年期の2つの愛着関係における悲しき予言の自己成就． 社会心理学研究, 25, 11-20.

金政祐司 (2010). 中年期の夫婦関係において成人の愛着スタイルが関係内での感情経験ならびに関係への評価に及ぼす影響． パーソナリティ研究, 19, 134-145.

長谷川孝治（2008）． 自尊心と安心さがしが他者からの拒絶認知に及ぼす影響． 人文科学論集〈人間情報学科編〉（信州大学人文学部), 42, 53-65.

金政祐司（監修）(2015). あの人の心を読み取る 他人の心理学 ナツメ社

北村英哉・内田由紀子（編著）(2016). 社会心理学概論 ナカニシヤ出版

26 Drigotas, S. M., Whitney, G. A., & Rusbult, C. E. (1995). On the peculiarities of loyalty: A diary study of responses to dissatisfaction in everyday life. *Personality and Social Psychology Bulletin*, 21, 596-609.

北村英哉・内田由紀子（編著）(2016). 社会心理学概論 ナカニシヤ出版

Kahneman, D. (2011). *Thinking, Fast and Slow.* London: Penguin Books.（カーネマン, D. 村井章子（訳）(2012). ファスト＆スロー——あなたの意思はどのように決まるか?（下） 早川書房）

金政祐司・相馬敏彦・谷口淳一 (2010). 史上最強図解よくわかる恋愛心理学 ナツメ社

27 Eisenberger, N. I., Lieberman, M. D. , & Williams, K. D. (2003). Does rejection hurt? An fMRI study of social exclusion. *Science*, 302, 290-292.

Leary, M. R., Kowalski, R. M., Smith, L., & Phillips, S. (2003). Teasing, rejection, and violence: Case studies of the school shootings. *Aggressive Behavior*, 29, 202-214.

Twenge, J. M., Baumeister, R. F., Tice, D. M., & Stucke, T. S. (2001). If you can't join them, beat them: Effects of social exclusion on aggressive behavior. *Journal of Personality and Social Psychology*, 81, 1058-1069.

Twenge, J. M., Catanese, K. R., & Baumeister, R. F. (2002). *Social exclusion causes self-defeating behavior. Journal of Personality and Social Psychology*, 83, 606-615.

28 金政祐司・浅野良輔・古村健太郎 (2017). 愛着不安と自己愛傾向は適応性を阻害するのか?——周囲の他者やパートナーからの被受容感ならびに被拒絶感を媒介要因として． 社会心理学研究, 33, 1-15.

金政祐司・石盛真徳 (2006). わたしから社会へ広がる心理学 北樹出版

金政祐司・相馬敏彦・谷口淳一 (2010). 史上最強図解よくわかる恋愛心理学 ナツメ社

警察庁 (2022). 令和3年におけるストーカー事案及び配偶者からの暴力事案等への対応状況について https://www.npa.go.jp/publications/statistics/safetylife/dv.html (2022年3月11日閲覧)

内閣府男女共同参画局 (2021). 男女間における暴力に関する調査 (令和2年度調査) https://www.gender.go.jp/policy/no_violence/e-vaw/chousa/r02_boryoku_cyousa.html (2022年3月10日閲覧)

29 Latané, B., & Darley, J. M. (1968). Group inhibition of bystander intervention in emergencies. *Journal of Personality and Social Psychology*, 10, 215-221.

Latané,B., & Darley,J.M.(1970). *The Unresponsive Bystander : Why Doesn't He Help?* Englewood Cliffs, N.J. : Prentice Hall. (ラタネ,B. ダーリー,J.M. 竹村研一・杉崎和子 (訳)(1997). 冷淡な傍観者 ブレーン出版)

30 ハラリ, Y. D. 柴田裕之 (訳) (2016). サピエンス全史(下) 文明の構造と人類の幸福 河出書房新社

金政祐司・石盛真徳(編著) (2006). わたしから社会へ広がる心理学 北樹出版

高橋昌一郎 (2008). 理性の限界――不可能性・不確定性・不完全性 講談社現代新書

竹村和久(編著) 野島一彦・繁枡算男 (監修) (2018). 公認心理師の基礎と実践 第11巻 社会・集団・家族心理学 遠見書房

31 総務省 (2021). 令和2年度情報通信メディアの利用時間と情報行動に関する調査 https://www.soumu.go.jp/iicp/research/results/media_usage-time.html (2022年3月11日閲覧)

三浦麻子 (編) (2009). インターネット心理学のフロンティア 誠信書房

32 Janis, I. L., & Feshbach, S. (1953). Effects of fear-arousing communications. *The Journal of Abnormal and Social Psychology*, 48,78-92.

Berkowitz, L., & Cottingham, D. R. (1960). The interest value and relevance of fear arousing communications. *Journal of Abnormal and Social Psychology*, 60, 37-43.

Chu, G. C. (1966). Fear arousal, efficacy, and imminency. *Journal of Personality and Social Psychology*, 4, 517-524.

Rogers, R. W., & Prentice-Dunn, S. (1997). Protection motivation theory. In D. S. Gochman (Ed.), *Handbook of Health Behavior Research*. NY: Plenum.

深田博己(編著) (2016). 説得心理学ハンドブック 北大路書房

33 Doob, A., Carlsmith, J. M., Freeman, J. L., Landauer, T. K., & Soleng, T. (1969). Effect of initial selling price on subsequent sales. *Journal of Personality and Social Psychology*, 11, 345-350.

上田隆穂(2005). 日本一わかりやすい価格決定戦略 明日香出版社

上田隆穂・守口剛 (2004). 価格・プロモーション戦略 有斐閣アルマ

コールドウェル, L. 武田玲子 (訳) (2013). 価格の心理学 日本実業出版社

34 オールポート, G. W.・ポストマン, L. 南博 (訳) (1952). デマの心理学 岩波書店

川上善郎 (1997). うわさが走る サイエンス社

松田美佐 (2014). うわさとは何か 中公新書

35 古川久敬 (1990). 構造こわし――組織変革の心理学 誠信書房

Katz, R. (1982). The effects of group longevity on project communication and performance. *Administrative Science Quarterly*, 27, 81-104.

厚生労働省 (2021). 令和2年簡易生命表 https://www.mhlw.go.jp/toukei/saikin/hw/life/life20/index.html (2022年3月11日閲覧)

日経ビジネス (編) (1984). 会社の寿命 日本経済新聞社

Tuckman, B. W. (1965). Developmental sequence in small groups. *Psychological Bulletin*, 63(6), 384.

36 Asch, S. E. (1955). Opinions and social pressure. *Scientific American*,193, 33-35.

Deutsch, M., & Gerard, H. B. (1955). A study of normative and informational social influences upon individual judgment. *The Journal of Abnormal and Social Psychology*, 51(3), 629-636.

Schachter, S. (1951). Deviation, rejection, and communication. *Journal of Abnormal and Social Psychology*, 46, 190-208.

Sherif, M. (1936). *The Psychology of Social Norms*. New York: Harper.

37 Jackson, J. M. (1960). Structural characteristics of norms. In G. E. Jensen (Ed.), *Dynamics of Instructional Groups*. Chicago: University of Chicago Press.

Sherif, M. (1936). *The Psychology of Social Norms*. New York: Harper.

38 Milgram, S.(1974). *Obedience to Authority: An Experimental View*. NY: Harper and Row. (ミルグラム, S. 岸田秀 (訳) (1995). 服従の心理――アイヒマン実験 (新装版) 河出書房新社)

Zimbardo, P. G. (2007). *Lucifer Effect*. New York : Random House. (ジンバルドー,P.G. 鬼澤忍・中山宥 (訳) (2015). ルシファー・エフェクト――ふつうの人が悪魔に変わるとき 海と月社)

39 Asch, S. E. (1955). Opinions and social pressure. *Scientific American*,193, 33-35.

Moscovici, S., & Zavalloni, M. (1969). The group as a polarizer of attitudes. *Journal of Personality and Social Psychology*, 12, 125-135.

40 Diehl, M., & Stroebe, W. (1987). Productivity loss in brainstorming groups: Towards the solution of a riddle. *Journal of Personality and Social Psychology*, 53, 497-509.

Osborn, A. F. (1957). Applied Imagination: Principles and Procedures of Creative Thinking (Rev. ed.). New York, NY: Scribners.

Taylor, D. W., Berry, P. C., & Block, C. H. (1958). Does group participation when using brainstorming facilitate or inhibit creative thinking? *Administrative Science Quarterly*, 3, 23-47.

41 堀洋道・山本眞理子・吉田富二雄（編著）（1997）. 新編 社会心理学　福村出版

Janis, I. L. (1972). *Victims of Groupthink: A Psychological Study of Foreign-Policy Decisions and Fiascoes.* Boston: Houghton Mifflin.

Stoner, J. A. F. (1961). A comparison of individual and group decisions involving risk. Unpublished master's thesis, Massachusetts Institute of Technology, Sloan School of Management.

Wallach, M. A., Kogan, N., & Bem, D. J. (1962). Group influence on individual risk taking. *The Journal of Abnormal and Social Psychology*, 65(2), 75-86.

42 池田謙一・唐沢穣・工藤恵理子・村本由紀子 (2010). 社会心理学　有斐閣

Katz, D., & Allport, F. (1931). *Students' Attitudes: A Report of the Syracuse University Research Study.* Syracuse, New York: Craftsman.

Miyajima, T., & Yamaguchi, H. (2017). I want to but I won't: Pluralistic ignorance inhibits intentions to take paternity leave in Japan. *Frontiers in Psychology*, 8, 1508. (https://doi.org/10.3389/fpsyg.2017.01508)

Noelle-Neumann, E. (1984). *The Spiral of Silence: Public Opinion – Our Social Skin.* Chicago, London: The University of Chicago Press.

43 Axelrod, R. M. (1984). *The Evolution of Cooperation.* New York: Basic Books.（アクセルロッド, R.　松田裕之（訳）（1998）. つきあい方の科学――バクテリアから国際関係まで　ミネルヴァ書房）

Hardin, G. (1968). The Tragedy of the Commons. *Science*, 162, 1243-1248.

山岸俊男 (1998). 信頼の構造――こころと社会の進化ゲーム　東京大学出版会

44 Campbell, D.T. (1965). *Ethnocentric and Other Altruistic Motives* (pp.83-311). Lincoln, NE: University of Nebraska Press.

池上知子・遠藤由美 (2008). グラフィック社会心理学　サイエンス社

Sherif, M., Harvey, O. J., White, B. J., Hood, W. R., & Sherif, C. W. (1961). *Intergroup Conflict and Cooperation: The Robbers Cave Experiment.* Norman, OK: Institute of Group Relations.

Sherif,M., Harvey,O.J., White,B.J., Hood,W.R., & Sherif,C.W. (1988). *The Robber Cave experiment: Intergroup conflict and cooperation.* Middletown, CT: Wesleyan University Press.

Tajfel, H., Billig, M. G., Bundy, R. P., & Flament, C. (1971). Social categorization and intergroup behaviour. *European Journal of Social Psychology*, 1(2), 149-178.

Tajfel, H., & Turner, J. C. (1979). An integrative theory of intergroup conflict. In W. G. Austin & S. Worchel (Eds.), *The Social Psychology of Intergroup Relations* (pp. 33-37). Monterey, CA: Brooks/Cole.

45 Bandura, A. (1997). *Self-efficacy: The exercise of control.* New York: W. H. Freeman and Company.

Gully, S. M., Incalcaterra, K. A., Joshi, A., & Beaubien, J. M. (2002). A meta-analysis of team efficacy, potency, and performance: Interdependence and level of analysis as moderators of observed relationships. *Journal of Applied Psychology*, 87(5), 819-832.

Lester, S. W., Meglino, B. M., & Korsgaard, M. A. (2002). The antecedents and consequences of group potency: A longitudinal investigation of newly formed work groups. *Academy of Management Journal*, 45(2), 352-368.

46 古川久敬（2015）.「壁」と「溝」を越えるコミュニケーション　ナカニシヤ出版

Bandura, A. (1997). *Self-efficacy: The exercise of control.* New York: W.H. Freeman and Company.

Cannon-Bowers, J.A., Salas, E., & Converse, S.A. (1993). Shared mental models in expert team decision-making. In N.J. Castellan Jr. (Ed.), Individual and Group Decision Making (pp.221-246). Hillsdale: Lawrence Erlbaum.

池田浩 (2009). チームワークとリーダーシップ. 山口裕幸（編）コンピテンシーとチーム・マネジメントの心理学 (pp.69-85)　朝倉出版

Rousseau, V., Aubé, C., & Savoie, A. (2006). Teamwork behaviors: A review and an integration of frameworks. *Small Group Research*, 37, 540-570.

山口裕幸（2008）. チームワークの心理学　サイエンス社

47 Hertel, G., Kerr, N. L., & Messé, L. A. (2000). Motivation gains in performance groups: Paradigmatic and theoretical developments on the Köhler effect. *Journal of Personality and Social Psychology*, 79(4), 580.

池田浩（2017). ワークモチベーション研究の現状と課題――課題遂行過程から見たワークモチベーション理論. 日本労働研究雑誌, 684, 16-25.

Latané, B., & Darley, J. M. (1970). *The unresponsive bystander: Why doesn't he help?.* Englewood Cliffs, N.J.:Prentice Hall.

Latané, B., Williams, K., & Harkins, S. (1979). Many hands make light the work: The causes and consequences of social loafing. *Journal of Personality and Social Psychology*, 37(6), 822.

Locke, E. A., & Latham, G. P. (1990). A theory of goal setting and task performance. Englewood. Cliffs, NJ: Prentice-Hall.

Williams, K. D., & Karau, S. J. (1991). Social loafing and social compensation: The effects of expectations of co-worker performance. *Journal of Personality and Social Psychology*, 61(4), 570.

48 Bass, B. M. (1985). *Leadership and Performance beyond Expectations.* New York,London: Collier Macmillan.

Greenleaf, R. K. (1970). *The Servant as Leader.* Indianapolis, IN: Greenleaf Center.

Hersey, P., & Blanchard, K. H.(1977). *The Management of Organizational Behavior.* Englewood Cliffs, NJ: Prentice Hall.

Stogdill, R. M.(1974). *Handbook of Leadership: A Survey of Theory and Research.* New York: Free Press.

山口裕幸（2003）. 職場集団におけるリーダーシップ． 外島裕・田中堅一郎（編） 産業・組織心理学エッセンシャルズ（増補改訂版）（pp.133-161） ナカニシヤ出版

49 Kelley, R.(1992). *The Power of Followership.* New York: Consultants to Executives and Organizations, Ltd.（ケリー, R. 牧野昇（監訳）（1993）. 指導力革命――リーダーシップからフォロワーシップへ プレジデント社）

Kelley, R. E.（1988）. In praise of followers. *Harvard Business Review*, 66(6), 142-148.

50 亀田達也・村田光二（2010）. 複雑さに挑む社会心理学――適応エージェントとしての人間 改訂版 有斐閣アルマ

北村英哉・大坪庸介（2012）. 進化と感情から解き明かす社会心理学 有斐閣アルマ

Ward, J. (2016). *The Student's Guide to Social Neuroscience.* Hove, East Sussex : Psychology Press.

＊本文中の図表のうち、これらの文献を参照して作成したものは、いずれも一部改変している。

人　名

◆あ行

◆か行

◆さ行

◆た行

◆な行

◆は行

◆ま行

♦ら行

♦ら行

事　項

♦あ行

♦か行

♦さ行

♦た行

♦な行

◆は行

◆ま行

◆や行

◆ら行

◆わ行

編者紹介

越智啓太（おち・けいた）

法政大学文学部教授。元警視庁科学捜査研究所研究員。臨床心理士。専門は犯罪心理学、社会心理学。主要著書『ケースで学ぶ犯罪心理学』（北大路書房）、『すばらしきアカデミックワールド』（北大路書房）、『恋愛の科学』（実務教育出版）、『テロリズムの心理学』（編著、誠信書房）、『サボタージュ・マニュアル』（監訳・解説、北大路書房）など。

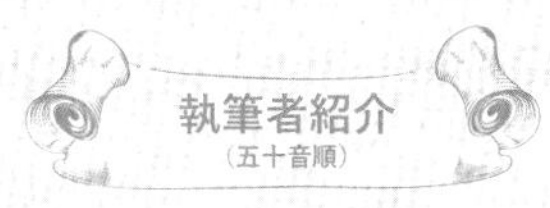

執筆者紹介
（五十音順）

池田　浩（いけだ・ひろし）

九州大学大学院人間環境学研究院准教授。博士（心理学）。専門は、産業・組織心理学、社会心理学。主要著書『モチベーションに火をつける働き方の心理学』（日本法令）、『産業と組織の心理学』（編著、サイエンス社）など。

金政祐司（かねまさ・ゆうじ）

追手門学院大学心理学部教授。博士（人間科学）。専門は、社会心理学。主要著書『健康とくらしに役立つ心理学』（共編著、北樹出版）、『史上最強図解よくわかる恋愛心理学』（共著、ナツメ社）、『わたしから社会へ広がる心理学』（共編著、北樹出版）、『エピソードでわかる社会心理学』（共編著、北樹出版）など。

谷口淳一（たにぐち・じゅんいち）

帝塚山大学心理学部教授。博士（人間科学）。専門は、社会心理学。主要著書『エピソードでわかる社会心理学』（共編著、北樹出版）、『史上最強図解よくわかる恋愛心理学』（共著、ナツメ社）など。

新岡陽光（にいおか・きよみつ）

中央大学研究開発機構ポスドク研究員・同大学理工学部兼任講師。博士（心理学）。専門は認知脳科学、生理心理学。主要著書・論文『テキスト 司法・犯罪心理学』（分担執筆、北大路書房）、『高齢者の犯罪心理学』（分担執筆、誠信書房）、「Cerebral hemodynamic response during concealment of information about a mock crime」（共著、Japanese Psychological Research）、「近赤外分光法を用いた虚偽検出」（法政大学大学院紀要）など。

綿村英一郎（わたむら・えいいちろう）

大阪大学人間科学部准教授。博士（心理学）。専門は法と心理学、社会心理学。主要著書・論文『入門司法・犯罪心理学』（共編、有斐閣）、『感じる』（共編、大阪大学出版会）、「Justification of sentencing decisions: Development of a ratio-based measure tested on child neglect cases 」（共著、*Frontiers in Psychology*）など。

私たちはなぜ傷つけ合いながら助け合うのか

心理学ビジュアル百科 社会心理学編

2022年9月20日　第1版第1刷発行

編　者――越智啓太

発行者――矢部敬一

発行所――株式会社 創元社

〈本　社〉
〒541-0047 大阪市中央区淡路町4-3-6
TEL.06-6231-9010（代） FAX.06-6233-3111（代）
〈東京支店〉
〒101-0051 東京都千代田区神田神保町1-2 田辺ビル
TEL.03-6811-0662（代）
https://www.sogensha.co.jp/

印刷所――図書印刷株式会社

図表制作――宇那木孝俊

装丁・コラージュ・本文デザイン――長井究衡

©2022, Printed in Japan
ISBN978-4-422-11786-7 C0311
〈検印廃止〉
落丁・乱丁のときはお取り替えいたします。

JCOPY 〈出版者著作権管理機構 委託出版物〉
本書の無断複製は著作権法上での例外を除き禁じられています。複製される場合は、そのつど事前に、出版者著作権管理機構（電話03-5244-5088、FAX 03-5244-5089、e-mail: info@jcopy.or.jp）の許諾を得てください。